47 words,

and you will never be the same.

ニューヨークで学んだ「私を動かす」47の言葉

エリカ

宝島社

心に響く言葉は、自分を動かす原動力

人生を先に歩んだ人が残してくれた言葉は、かけがえのない財産です。そこには、気づきや学びがたくさんあります。

私は、ニューヨークでの暮らしのなかで、誰かが教えてくれた言葉、どこかで見かけた言葉をノートに綴《つづ》ることを大切にしてきました。自分の人生や仕事に役立つ言葉の数々は、いつも私を支えてくれています。ページを開けばいつも元気になれる、そんなノートは、私の特効薬です。

人生は、誰にとっても厳しく険しい一面を持っています。何をやってもうまくいかない時、時間ばかりが経過してなかなか結果に結びつかない時、というのは迷いが生じるものですよね。自分の決断や行動は正しいのかを誰かに相談したくなるものですが、そこに答えがあるとは限りません。また、その人の答えはあなたをさらに混乱させるかもしれません。すると、あなたは満足する答えを求めて、また別の人に相談してみたくなる。このようなことはありませんか？

人生に迷ったら、ぜひこの本を開いてみてください。何か必ずヒントが見つかるはずです。自分の足で歩む人生は、自ら考え決断していかなければなりません。誰もあなたの人生に責任を持ち、あなたのために決断はしてくれないのです。

言葉にヒントを求め、自分なりに考えるというプロセスを何度も経験することで、強くたくましく、自分を信じて人生を歩む力がつきます。

私の大好きな言葉のひとつに、サムエル・ウルマン（1840〜1924）の「青春」という詩があります。あなたも、この詩をどこかで聞いたことがあるのではないでしょうか。ここでは、その一部をご紹介します（『青春とは、心の若さである。』サムエル・ウルマン著、作山宗久訳、角川文庫）。

青春とは臆病《おくびょう》さを退ける勇気、

安きにつく気持を振り捨てる冒険心を意味する。
ときには、二十歳の青年よりも六十歳の人に青春がある。
年を重ねただけで人は老いない。
理想を失うとき初めて老いる。
歳月は皮膚にしわを増すが、熱情を失えば心はしぼむ。

「青春」は人生のある期間を指すのではなく、心の様相のことを指すというこの言葉は、ウルマン氏が他界する6年前の78歳の時に書かれたものです。言葉のままに生きてきたからこそ、後世に残すことができたのですよね。また、その尊い言葉の贈り物を受け取ることができる私たちは、本当に幸せです。

本書は、私がニューヨークで学びノートに綴った言葉のなかから、何度も力づけられ、勇気をもらい、一歩踏み出す原動力になったものを選びました。「私を動かす」47の言葉は、必ずあなたの心にも響き、あなたを動かす力となるでしょう。

自分を動かせるのは自分だけです。だからこそ、そのきっかけとなる言葉との出会いは、自分の人生を左右するほど大きなものなのです。

47 words,

and you will never be the same.

もくじ

デザイン　吉村亮　大橋千恵（Yoshi-des.）

DTP　茂呂田剛（エムアンドケイ）

本文写真　エリカ

編集協力　梅木里佳（チア・アップ）

平戸佳奈（宝島社）

Taxi
Stand
VILLAGIO

SAVE OUR HORSES!

Chapter 1

夢を叶えさせてくれる言葉

あなたは夢を持っていますか？　夢を実現するための道は険しいものかもしれません。そんな時、これらの言葉は、あなたの背中をそっと押して励まし続けてくれるでしょう。

word

01

人生は、
一夜で変えることは
できないが、
あなたが進む方向は、
一夜で変えられる。

――ジム・ローン（米国の起業家・講演家）

“You cannot change your destination overnight,
but you can change your direction overnight.”

Jim Rohn ★ 1930-2009。セールスマンとして活躍し、億万長者に。その後、講演家として、世界各地で活動。世界一のメンターと称される。IBMやコカコーラなどのコンサルタントも務めた。

「今、自分が生きている人生を、まるで手品のように、一夜で変えてしまうことができたら……」。このように、全く違う人生を生きる自分を想像することって、誰にでもありますよね。理想と現実のギャップを抱えながら、今さらもう無理だと、自分で結論づけてしまうことはありませんか？

人生を一夜で変えることはできなくても、自分の歩む方向を、自分の力で今すぐ変えることはできます。時間はかかっても、自分の人生を理想の形に変えていくことができるのですね。

そのために必要なこと、それは、あなたの決断と行動です。たとえば、自分の生き方が嫌い、幸せではない、こんな人生を歩むはずではなかったと感じているとしましょう。複雑な気持ちを悶々《もんもん》と抱え、途方に暮れながら日々過ごしている。これでは毎日が息苦しく、幸せからかけ離れてしまいます。

まず気づいてほしい大切なことは、今の自分、今の人生をつくったのは、ほかの誰でもなく自分自身であることです。そして、これまでにあった人生のターニングポイントで、右に進むか、左に進むかを自ら選択した結果が今であり、すべては自分の責任だということです。

「過去の失敗が今の状況をつくった」と、いつまでも過去に視点を合わせるのはやめましょう。過去を背負い、過去を引きずり、外れた道を歩き続けるのではなく、未来に視点を合わせ、明るい未来に向かって方向転換しましょう！　あなたは、この先の人生を変えるために、進む方向を変えることができるのですから。

★間違ったら、何度でも軌道修正すればいい！

幸せな人生を送っている人というのは、間違った進路に早く気づき、軌道修正をかけています。

私自身もこれまでの人生で、何度も軌道修正をしてきました。10代の頃、自分の人生に英語は必要ないと、苦手な英語を切り捨てていましたが、20歳の時、海外旅行で英語の必要性に気づいたのです。英語ができるかできないかで、進む方向は180度違っていました。あの時気づかなければ、今の私はなかったでしょう。その後、英語を1からやり直すことを決意し、遠回りをしてやっと今の地点にたどり着きました。

一見無駄な時間、無駄な経験にこそ価値があること、無駄が人生の肥やしになることを体験しました。こうして、「決断と行動」を繰り返しながら、今もなお、夢や目標に向かって幸せに歩んでいます。

あなたが今、間違った方向に進んでいると感じるのであれば、いったん立ち止まって、考えましょう。そして、自分の幸せ、夢や目標につながる進路を確認してから、前に進みましょう。

その決断に際し、必要があれば、周りに手助けや助言を求めましょう。プライドが邪魔をして誰にも言えないと感じるなら、意味のないプライドは今すぐ捨てるべきです。そのプライドが、またあなたを間違った方向へと導いてしまうからです。

幸せな人生は、生まれながらに与えられるものではなく、自分で創造するものです。そしてこれは、誰もが創造できるのです。本道からそれたと感じたら、何度でも軌道修正すればいいのです。

自分の心の声を信じ、自分の決断を信じ、行動する強さを持ちましょう。これが幸せな人生に続く道なのです。

word
02

笑い声は時代を超え、
想像力は年を取らない。
そして、夢は永遠のものだ。

——ウォルト・ディズニー（米国の映画製作者・脚本家）

“ Laughter is timeless, Imagination has no age, Dreams are forever. ”

Walt Disney ★ 1901-1966。アニメーター、映画監督、実業家。人気キャラクター、ミッキーマウスの生みの親であり、1955年、カリフォルニア州に世界初のディズニーランドをオープンさせた。

素晴らしい言葉をたくさん残してくれたディズニーは、漫画家として活躍する夢を実現し、漫画からアニメの世界へ。そして映画の本場ハリウッドでアニメーション映画づくりに挑戦し、「ディズニー社」を設立。これをのちにアメリカでも屈指のアニメ製作会社に成長させました。

ディズニーは、アニメーションの制作に没頭するあまり資金繰りが乱雑となり、自らの会社を倒産させてしまったり、アニメーションの主役であるキャラクターとスタッフの大半を他社に引き抜かれ、倒産寸前に追い込まれたりと、失敗・倒産・挫折を繰り返しながらも、ひとつひとつの夢を実現させてきました。そして、大人も子どもも楽しめる夢のエンターテーメント、「ディズニーランド」の実現は、どんな時も決して消えることがなかった「夢」を、彼が抱き続けた結果なのです。

私の大好きなこの言葉は、人生のなかで最も大切な「永遠に朽《く》ち果てない3つのこと」を教えてくれています。それは、「笑うこと」「想像すること」「夢を持つこと」。常に笑いがあり、想像力を最大限に生かし、果てしなく大きな夢を描き続けることが何につながるのか、ディズニーは彼の人生を通し、伝えてくれているのです。

時に人は、自分自身や自分の人生を自ら見限ってしまうことがあるように感じます。まだまだ続く人生を歩んでいる最中にもかかわらず、まるで人生の終着駅に着いてしまったかのように、自分はもうここ止まりなのだと感じてしまう……。今さら、夢や希望なんて抱けない、抱いても叶《かな》うはずがない。このような、ネガティブな自己暗示をかけてしまうことはないでしょうか？

日々の生活や人生のなかで、叶えたい、形にしたい夢や目標は、たくさん浮かんでくるものです。可能・不可能、他人に一目置かれる・置かれないは関係ありません。あなたが何歳なのか、今どんな人生を歩んでいるのかということも関係ありません。

笑顔が浮かぶワクワクする夢を描いたら、ネガティブな思考は絶ち切って、気持ちをポジティブに切り替えてみましょう。

たとえば、海外旅行のたびに「英語が話せたらもっと楽しかったはず」という思いを抱いたとします。帰国の飛行機のなかでは、「よし、今度こそ苦手な英語を真剣に勉強しよう」と目標を設定する人も多いのではないでしょうか。そして本当に英語が話せるようになったら、長めに滞在する旅行を楽しみたい、現地の人とお友達になりたいなど、ひとつの目標が想像を広げ、大きな夢へとつながっていきます。

ワクワクする楽しい夢を実現させようとがんばるあなたには、楽しそうな笑みが浮かんでいるはずです。苦手な英語を勉強することは、決してつらく厳しいことではなく、目標に向かってがんばる日々に、充実感や幸せを感じることでしょう。

★どんなに大きな夢も、始まりは目の前の小さなことから

大きな夢を叶えるためには、大きなことを想像しましょう。そして、夢を叶える道がどんなに険しくても、笑うこと、楽しむことを忘れずにいましょう。

何かすごいことをするために、すごいものが必要だと考え始めると、時間だけが経過し、悩み考えているだけで何年もたってしまったということにもなりかねません。どんな大きな夢や目標も、目の前の小さなことから取りかかることで実現することを忘れないでくださいね。夢や目標につながる始まりは、小さなことなのです。

ディズニーも同じです。すべてはニューヨークで生まれた、たった一匹の小さなねずみから始まりました。「笑い声・想像・夢」永遠に朽ち果てない3つのことを大切に、キラッと光る幸せな人生を歩んでいきましょうね！

word
03

人生は、ニアミスの連続だと言ってもいい。
私たちが運とみなしていることは、
実は運でもなんでもない。
運とは、今を生き、自分の将来に
責任を持つことにほかならない。
ほかの人たちには見えないことに目を凝らし、
(誰が何と言おうと)自分の夢を
追い続けることなのである。

——ハワード・シュルツ(スターバックスCEO)

“ I believe life is a series of near misses. A lot of what we ascribe to luck is not luck at all. It is seizing the day and accepting responsibility for your future. It is seeing what other people don't see and pursuing that vision. ”

Howard Schultz ★ 1953年生まれ。1987年、シアトルにある小さな珈琲豆専門店だったスターバックス社を買収し、のちに世界的な珈琲ショップに成長させた。現代を代表する名経営者の一人。

多民族都市ニューヨークで私が始めたお稽古のひとつがラテンダンスです。本場の先生が教えてくれるダンス教室に通う生徒さんは本物志向の人が多く、気の合うたくさんの友人ができました。

そのなかで、一番仲良しになったのが弁護士のピーターです。お稽古帰りにスターバックスに寄り道し、ダンス談義やビジネスの話を20分程度するのが私たちの定番となりました。その時、彼が教えてくれたのが、ハワード・シュルツ氏の言葉でした。

アメリカのシアトルにあった小さな珈琲豆専門店を世界のスターバックスに育てあげたハワード・シュルツ氏は、ニューヨーク市ブルックリンの貧しい家庭に生まれ育ちました。学生時代には献血で学費を稼ぐなど大変な苦労を乗り越えて、大成功を収めた人物です。そんな彼の言葉は、夢を追い続ける勇気や自分を信じる力をいつも与えてくれます。

この言葉のなかに出てくる「ニアミス (near miss)」とは、「あと少しで失敗や大事《おおごと》になる、一歩手前のヒヤッとする状態」のことです。確かに人生は、ヒヤッとする出来事の連続ですよね。「ぎりぎりセーフ」の状態に出くわすたびに、「ラッキーだった」「運が良かった」「ツイていた」というように「運（luck）」に関連づけて表現することが多いように感じます。しかし、シュルツ氏は、「運」とは、また別のことを指すのだよと教えてくれています。「運（luck）」とは、「今をしっかり生き、将来に責任を持つこと」です。「運を引き寄せました」「運が舞い込んできました」というような、窓を開けていたら勝手に入ってくるようなものではないのですね。

時代の流れや社会の動向を読み、目には見えないものをレントゲン写真のように写し出し、周囲の雑音など気にせず、自分の夢をただひたすら追い続ける。努力を続ける。これが「運」であり、「夢の実現」につながっていきます。

★苦難を乗り越えるたびに、運はつくられる

スターバックスは、何度も窮地を乗り越えてきました。そのひとつに、2008年、順調に成長を続ける陰で、無謀な出店計画でクオリティが低下し、株価が大幅に下落してしまったことがあります。そこで、2000年にCEOを退任していたシュルツ氏は再びCEOに復帰し、再建に着手しました。当時、スターバックスの復活は不可

能と言われるほどコントロールを失った状態でしたが、シュルツ氏はあきらめることなく未来に責任を持ち、リスクのある決断とともに会社を立て直したのです。

今を真剣に生きているのならば、誰でも壁や谷、苦悩することに出くわします。なぜなら、正解のないなかに自らの答えを出し、その答えを信じて道なき人生を歩むからです。その「答え」はいつも正しいとは限りません。間違いに気づいた時、また新たな答えを導き出すために苦悩する。人生はこの連続なのですよね。

「くじけず、あきらめず、夢を追い続けろ」と言うのは簡単でも、実行するのは過酷なものです。しかし、それを実践し、夢を実現した人が言うのであれば、「よし！私もがんばってみよう！」と、素直に思えるものですよね。そして、自分の未来に責任を持ち、自信を持って前に進んでいくことができるものです。

そんな時、夢を実現した人の言葉が、まるでそっと優しく自分の背中を押してくれたかのように感じますが、そうではありません。その人の言葉がヒントとなり、あなた自身が自分を動かしたのです。自ら踏み出した一歩というのは、強さを秘めています。そしてそこには「運（luck）」があるのです！

word 04

どんな芸術家でも、
最初は素人だった。

――エマーソン（米国の思想家）

“ Every artist was first an amateur. ”

Ralph Waldo Emerson ★ 1803-1882。思想家、哲学者、詩人。牧師でありながら、自由信仰のため教会を追われて渡欧。超越主義哲学を打ち出し、のちの思想家たちに大きな影響を与えた。

ニューヨークに住み始めて感じたことのひとつが、日本人とアメリカ人の「素人意識」の違いです。日本人は、「素人＝下手、未熟」というイメージを持っているせいか、ネガティブに考えたり、素人で上手にできないことを恥ずかしく感じ、スタートする前から尻込みしてしまうように感じます。

一方、アメリカ人は、「素人＝未知のことに挑戦する」という意味でとらえ、スタート前からワクワクとポジティブでいるものです。

誰でも最初はみんな、素人です。たとえば、前カリフォルニア州知事でありハリウッドスターのアーノルド・シュワルツェネッガー氏、イギリスを代表するスーパーモデルのケイト・モス氏を思い浮かべてみてください。お二方とも専門的な勉強などなしにその世界に入り、ゼロからスタートされました。そして、それぞれの分野で偉業を成し遂げていらっしゃいますよね。これは、「素人」であることは、何らマイナス要因ではないことを教えてくれます。

身近なことで言うと、たとえば、初めて挑戦した趣味のお稽古で、上手な人、すでに経験を積んでいる人を前に、足元にも及ばない自分に落胆し、自己嫌悪に陥ったりすることはありませんか？

そうなると、あれだけワクワクしていた気持ちがどこかに吹き飛んでしまい、「やっぱりやめようかな」「自分には向いてないかも」とネガティブな考えが頭をよぎったりするものです。

そんな時思い出してほしいのが、「最初は誰でも素人だ」という言葉です。

「私にはやっぱり無理だったみたい……」「あの人たちの足手まといになるんじゃないか……」と自分を卑下して考えるのではなく、「素人でよかった！」と、発想を転換してみましょう。

何事も無の状態からスタートすると、大きく伸びるのです。妙な固定観念に邪魔されることがないので、素直な心で取り組むことができ、発想が斬新で無限大に広がります。素人だからこそ、ハングリー精神を持ってチャレンジできるとも言えます。

素人である自分の知識や経験の乏しさは、自分の意志と行動次第で満たしていくことができるのですね。

★常に「プロ」としての自覚を持つ

これは、新社会人の方も同じです。会社出勤1日目はド素人でも、2日目はもう立派な社員です。あなたには任された業務があり、あなたの働きが会社の利益を生み、会社から給与を得ます。これはプロとしての証しです。

入社1年目の先輩、10年目の先輩、経験年数や知識の度合こそ違っても、みな同じ「プロ」です。新米だから、素人だからと、萎縮《いしゅく》したり、遠慮したりせず、同じステージに立つ「プロ」としての自覚を持ち、仕事に取り組みましょう。

どんな時も大切なのは、いつまでも自分を素人扱いしないことです。始まりは素人、でも明日はもう素人ではない。これくらいの強い気持ちを持ちましょう。

知識や経験を得ながら、そのひとつひとつが崩れないようにしっかり積み重ねていきましょう。そのことが自信につながり、プロとしての歩み、また夢の実現につながっていきます。

word 05

自分の心に従って生きろ！

――スティーブ・ジョブズ（アップル社・元ＣＥＯ）

“ Follow your heart! ”

Steve Jobs ★ 1955-2011。アメリカの実業家で、アップル社の共同設立者の一人。1986年、ピクサー・アニメーション・スタジオを創設。2000年アップル社のCEOに。2011年、56歳で死去。

ニューヨークに住み始め数年が経過した頃、自宅に近づくにつれ、足取りが重くなっていた時期がありました。その理由は、玄関で待ち構えているドアマンが、どうも自分のライフスタイルとマッチしていないと感じていたからです。

ニューヨークでは、グレードの高さを示すドアマンつきのアパートが人気ですが、生まれも育ちもドアマンなしの日本からきた私には、不要のサービスだったのです。

「引っ越すべきか、とどまるべきか……」ある日、友人のロバートに相談しました。すると彼は私の目をしっかり覗《のぞ》き込みながら、「Follow your heart!」と言いました。これは、どちらを選ぶか悩んでいる人に、「あなたの心が感じるほうに進みなさい」と優しく後押しをするような意味として使います。

仕事のこと、恋愛のこと、人間関係のことなど、人は悩んだ時に誰かに相談をしたくなりますが、相談をする時は、実は自分のなかで答えが出ているものです。答えは出ているけれどそれを選択するために後押しがほしい、選択する前に自分の選択は間違っていないということを確認したい、そんな思いがあるように感じます。

ニューヨークの人がよく使う言葉「Follow your heart.」は、すべては自分の心が知っていること。自分の心のままに歩んでごらん、という意味です。これは、簡単なようで、一番難しいことでもあります。たとえば、就職先を決める時、こんなことで迷ったことはありませんか？

・やりがいや自己成長につながる会社か、社会での知名度やお給料のいい会社か。
・社内の風通しがよく働きやすい会社か、福利厚生がしっかりしている会社か。
・やりたい仕事ができる会社か、立地条件が魅力的な会社か。

比較しだすと、自分が求めているものがぼやけてくるものです。さらには、何のために働くのかさえもわからなくなり、混乱を招きます。

相談を受けた人は、経験と知識のなかから「○○を選んだほうがいいのではないか」と思っていても、ストレートには言いません。なぜなら、人生の大きな決断は自ら下すことが大切であることを知っているからです。

自分で決めたから、自分の責任で人生を歩んでいくことができるのですね。

★自分を信じれば決断できる

自分の心に従う、自分の心が感じる方向に進む、自分の心に従って生きる、心のままに生きる……。

「Follow your heart.」は、さまざまに解釈できる短い言葉ですが、迷っている自分の心と静かに向き合う大切さを教えてくれる言葉です。

人は、迷った時の答えを目に見えるもので見つけようとしがちです。損得勘定ではかろうとしたり、どちらが幸せになれるのか、お金や条件で捉えようとしてしまうものです。だから、見えないことに不安を感じ、決断できないのです。

心で感じることに確信を持つには、「自分を信じる」ことです。そして、自分を信じる強い信念が、実現する力へとなっていきます。

ロバートのひと言「Follow your heart!」は、「引っ越そう」という答えをすでに自分で出していることを気づかせてくれました。私は、引っ越しのプロセスを気重に感じ、その先にある幸せを見落としていたのです。

私は彼の言葉で本当の自分の気持ちに気づき、自らの決断を信じて、ドアマンなしのスキップで帰りたくなるような、アパートに引っ越しました。

word 06

未来は今日始まる。明日始まるのではない。

――ヨハネ・パウロ2世（第264代ローマ教皇）

“The future starts today, not tomorrow.”

Pope John Paul Ⅱ ★ 1920-2005。20世紀中に最年少で着座した、ポーランド出身のローマ教皇。世界平和のために精力的に活動し、宗教や文化の枠を超えて、世界中の人々に対話を呼びかけた。

「あなたが朝目覚めたその瞬間に、未来は始まった」

なんだかドラマチックな響きですよね。

今日を生きるということは、未来に生きるということです。夢が実現する日は今日かもしれないと言われたら、なんだかワクワクします。

人は未来に生きることで幸せになり、過去に生きることで幸せから遠のいてしまいます。たとえば、過去の栄光、過去の恋愛、過去の幸せ、過去の大失敗、過去の大失恋、過去の恨みつらみなど、いつまでも過去をひきずり、口を開けば過去の話ばかりで、いまだに過去に生きているとしたら、それは自分の人生を停滞させています。

そこには、爽やかな風は吹かず、眩《まぶ》しい光も差しません。ただ、どんよりとした空気が流れているでしょう。

そこを脱出する方法は、自分は未来に生きていることを自覚し、過去を切り離すことです。それをしない限り、いつまでもその地点から成長も進歩もできません。

美しい自分の輝きを白らくすませて生きるなんて、こんなにもったいないことはありません。

★時間はお金以上に尊いもの

未来を大切にした生き方を始めましょう。それは、今できること、今日できることを先延ばしにしないことです。

もし、「明日、明日……」が口癖で、今日できることを明日に先延ばしするのが常だとしたら、貴重な未来の時間を先使いしていることになります。あなたの未来の一日は24時間ではなく、過去のやり残しのために22時間、20時間と減っています。

たとえば、時間をお小遣いに置き替えて考えてみるとよくわかります。

来月のお小遣いを、3分の1先に使ってしまった。今月はその分が増えて楽しい月になったものの、来月は楽しさをセーブしなければならない。とても苦しい月になりそうだ……。

このような状況を幸せとは言えませんよね。「先に使うんじゃなかった」と、後悔の念も生まれるかもしれません。

わかりやすいように、時間を目に見えるお金にたとえて説明しましたが、本当のことを言うと、時間のほうがお金よりもはるかに貴重で尊いものです。時間はお金を生みますが、お金は時間を生みません。一日24時間をお金では買えないのです。

未来に生きる考え方は、時間を大切にした意識につながります。そして、自分の時間、相手の時間を尊重できる、聡明《そうめい》な美しい人に成長していけます。

さあ、あなたは時間の先使いをしていませんか？

「明日、明日」という口癖がありませんか？

夢の実現には時間がかかるものです。だからこそ、大切な未来時間を過去の処理に浪費したりせず、夢の実現のために空けておきましょうね！

word

07

勝者とは、決して夢をあきらめない人のことだ。

――ネルソン・マンデラ（南アフリカ共和国第8代大統領）

“ A winner is a dreamer who never gives up. ”

Nelson Rolihlahla Mandela ★ 1918-2013。反アパルトヘイト運動に身を投じ、国家反逆罪で27年に及ぶ獄中生活を送った後、南アフリカ全人種参加選挙で大統領に選出。ノーベル平和賞受賞。

自分の人生を大きく変える出来事というのは、大なり小なり何かしらあるものです。私にとってそのひとつは、ボストンに留学していた時にマンデラ氏のスピーチを聞く機会に恵まれたことです。

マンデラ氏は、1964年に国家反逆罪で終身刑の判決を受け、27年間投獄されました。1990年に釈放され、1994年、76歳の時に南アフリカ共和国大統領に就任、アパルトヘイト（人種差別政策）撤廃を主導し、人種で分断されていた南アフリカを統一。このマンデラ氏の言葉のなかには「勝者（winner）」が出てきますが、それは決して日本語的な「勝ち組」に属する勝者ではありません。「自分に勝つ」という意味だと、私は理解しています。

いつか叶えたいと描き続けた夢、実現に向け切磋琢磨《せっさたくま》しながら取り組んできた夢、しかし、その道のりが険しければ険しいほど「やっぱり、やめた」「やっぱり、私には無理」とあきらめてしまったり「こんなに苦労するなんてバカバカしい。もっと楽して叶う夢を描き直そう」というように考えてしまうことはありませんか？

夢を実現する。これは誰にとっても未知への挑戦であり、はかりしれないほど大きなことです。自分のための夢から、人生をかけて世界を変えるための夢など、いろいろな夢がありますが、簡単に叶う夢などないのですよね。実現するのは難しく、そう簡単には叶わないから、人はそれを「夢」と呼びます。

「夢の実現とイバラの道」は、いつもセットになっています。そう理解できれば、突然壁に阻《はば》まれても「よし、越えていこう！」という強い意志が芽生え、夢が叶う日を楽しみに前進できます。

夢の実現は、夢を描くことから始まります。そして、その実現に向け足元をしっかり固めながら、一歩一歩着実に前進することが一番大切です。湿地や沼のような、足場の悪いところに、しっかりした家が建たないのと同じように、長い人生のなかでたくさんの夢を叶えるためには、常にしっかりした土台が大切です。予想以上の時間がかかっても、苦労しても足元を固めながら進むことです。夢の実現に必要な知識や経験を得るための時間やお金がもったいない、面倒、つらい、楽しくないし好きじゃないからというような理由で重要な行程を飛ばしたり、適当に済ませたりせず、しっかり向き合っていきましょう。また、夢をどんどん実現している人や、アッという間に目標を達成している人を見て焦るのは禁物です。夢の実現は競争ではありません。大きい、小さい、速い、遅いなど関係ないのです。

★「あきらめない」強い思いが夢を現実にする

「自分の描いた夢を決してあきらめない」

これが、マンデラ氏の言葉の意味です。生涯をかけ夢を実現された人の言葉には、真実しかありません。27年間もの投獄生活で、怒りや恨みを増大させたのではなく、平和を築く思いをふくらませ続けたのです。獄中でも、決して夢をあきらめることなく、人種差別政策の撤廃を実現されました。夢を実現するために大切なのは、「あきらめない」という強い思い、信念にほかならないのですよね。

マンデラ氏を心から尊敬し、彼の名言をたくさんノートに綴っていた私は、留学中に聞いた、輝く笑顔で語られたマンデラ氏の言葉ひとつひとつに感動し、涙があふれたことを今でも鮮明に思い出します。「時間がかかってもあきらめずに、自分を信じて歩みなさい」というメッセージは、私の生涯の宝物です。

word
08

不可能（Impossible）なんて
存在しない。
だって、言葉自体が
「私にはできる（I'm possible!）」
と言っているのだから。

——オードリー・ヘプバーン（ハリウッド女優）

“Nothing is impossible; in fact the word itself says “I'm possible!.””

Audrey Hepburn ★ 1929-1993。「ローマの休日」「ティファニーで朝食を」「マイ・フェア・レディ」など人気作、話題作に次々と出演。アカデミー賞、ゴールデングローブ賞など多くの受賞歴を持つ。

ニューヨークには、可愛《かわい》い雑貨やカードを売っているお店がたくさんあります。そこでよく目にするのは、メッセージがお洒落《しゃれ》にプリントされたTシャツ、小皿、カード類など。そのなかで必ず目にするのが、「possible」の文字です。

また、ニューヨークの友人たちとの会話にも「possible（可能）」という言葉はよく登場します。ポジティブな気持ちになれる言葉で、私も大好きです。

ある日、フラッと入ったカード屋さんで偶然出会ったのが、このオードリーさんの言葉です。「Im」を「I'm」と捉えたウイッティー（witty）な名言に私は「なるほど！」と大きくうなずき、宝物を見つけたようなうれしい気持ちに包まれました。そして、そのカードを購入したのは、言うまでもありません。

可能か不可能か、それを第三者に相談したくなることは誰にでもありますよね。「あなたならできる！」そう背中を押してもらえれば、安心して自分を信じて突き進むことができるという人もいらっしゃるでしょう。

そんな時、この言葉があなたの背中を優しく押してくれますよ。そして、自分を信じて明るく前進できるでしょう。

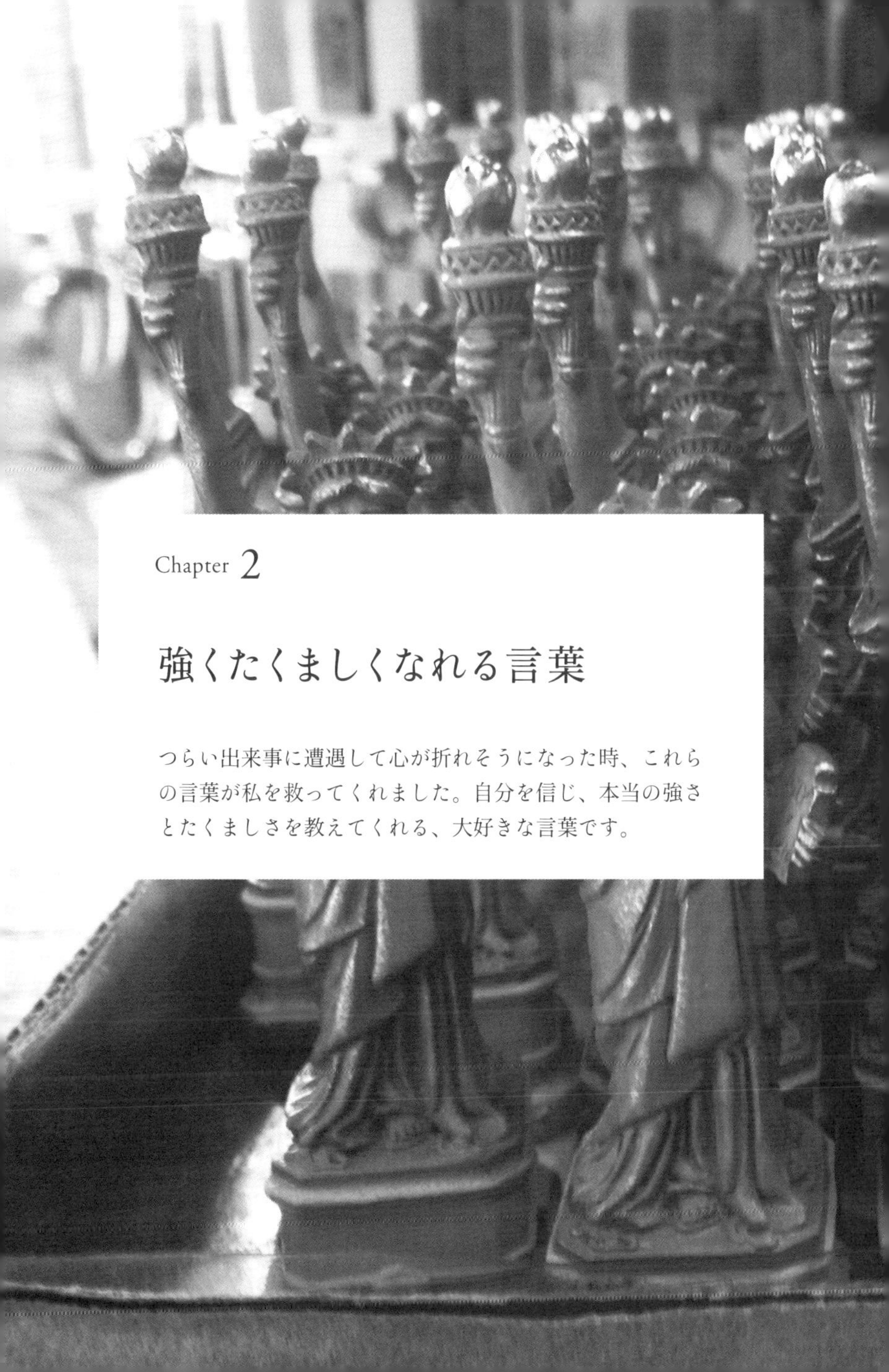

Chapter 2

強くたくましくなれる言葉

つらい出来事に遭遇して心が折れそうになった時、これらの言葉が私を救ってくれました。自分を信じ、本当の強さとたくましさを教えてくれる、大好きな言葉です。

word
09

人生とは、自分を
見つけることではない。
自分をつくることである。

――ジョージ・バーナード・ショー（劇作家、教育者）

“ Life isn’t about finding yourself;
life is about creating yourself. ”

George Bernard Shaw ★ 1856-1950。アイルランド人。イギリス近代演劇の確立者として多くの戯曲を残し、ノーベル文学賞を受賞。「ピグマリオン」が映画化され、アカデミー脚色賞を受賞。

夢や目標をしっかり描いている人が多いニューヨークでは、複数の仕事をかけもちしている人がたくさんいます。仕事は生計を立てるためであり、目指すものはまた別にある人が多い街ともいえます。

たとえば、レストランで働くウエイターやウエイトレスの多くは、ミュージシャンや俳優を目指しているなど、仕事の空き時間に、本当に望む夢の実現に向けて自分を磨いています。そんな彼らの瞳は、強く美しい輝きで、キラキラしています。

ある週末の夜、友人で弁護士のアレックス宅の「ピザナイト」に招かれました。オーダーしたピザを食べながら、みんなで一緒に映画を観る会です。

私が到着すると、顔なじみのアレックスの友人数名がすでに到着していました。私は彼女たちに挨拶し、勧められたワイングラスを片手にソファーに座り、会話に加わろうとしたその時、アレックスが唐突に話を切り出してきました。

「エリカ、私が弁護士になる前、何だったと思う？」

てっきり、ストレートに弁護士になったものだと思い込んでいた私は、「え？？弁護士になる前に、何か別の仕事をしてたの？」と驚きながら答えました。

アレックスの友人たちは、私たちの会話の展開を楽しそうに聞いています。どうやらこの答えを知らないのは、私だけのようでした。

「エリカ、驚かないでね。実は私、ファッションモデルだったのよ」

大変失礼ながらも、私は気絶するほど驚き、「え〜！」と、大きな叫び声をあげました。

アレックスは、キレイな顔立ちに180cm近い長身ですが、スラットしたモデル体型というよりも大柄という表現がぴったりで、ファッションにも精通していません。彼女とモデル業がどう考えても結びつかなかったのです。

私の悲鳴にも似た驚きの声を聞いたアレックスと友人たちは、「待ってました！」とばかりに大声で笑い出しました。

アレックスは「ねっ、信じられないでしょ」と言いながら、昔のファッション雑誌を引っ張り出してきて、私の目の前に広げました。そこには、スラッとしたキレイなアレックスがお洒落《しゃれ》な装いに身を包み、ポーズを取っていました。

驚きのあまり言葉を発するのも忘れ、雑誌のページをめくる私の姿に、アレックスは「なりたい自分になるのは、自分次第である」ことを話してくれました。彼女は、ロースクールの学費を貯めるために、当時のスラッとした体型と美貌を生かして、モデルの仕事をしていたそうなのです。

★理想は現実になる！

ジョージ・バーナード・ショーの言葉のとおり、人生とは、なれそうな自分を見つけることではなく、自らの力でなりたい自分をつくることです。この意味は、「なりたい自分になれる」ということ。最高に素敵な言葉ですよね。

人生は、生まれや生い立ちを自分の力で変える力を与えてくれます。たとえば、貧しい家庭に生まれ育っても、あなたの努力次第で億万長者になれる。他国のプリンスと結婚し、プリンセスになれる。不仲の両親の元に育ち、平穏な家庭に育つことができなかったとしても、あなたは幸せな結婚をし、愛情の絆で結ばれた家庭を築くことができる……。

一見、人生は与えられたもので変えようがないように見えますが、自分で創造できるものなのです。
これが本当の「Life is beautiful.（人生は素晴らしい）」です。

今の状況にため息をつき、自分の人生を創造しようとしなければ、すべてはそこで止まります。その先、何も変わらないでしょう。いつも目の前の現実が同じなのは、変わらない現実が悪いのではなく、変えるために動かないあなたに問題があります。

現実にため息をつきながら、理想を夢見るだけの日々を過ごさず、理想をつくっていきましょう。なぜなら、理想は自分でつくらない限りどこにも存在しませんが、自分でつくれば現実にすることができるからです。

★変化を恐れず、進化を受け入れる

あなたは、変わりたいと思いながらも、なかなか変われないことにモヤモヤしていませんか？　自分で創造できる未来にまでため息をついていませんか？
ぜひここで、自分がどうなりたいのか、どう変わりたいのかを書き出してみましょう。そして、そうなるためには、何が必要で今何をすべきか、ひとつひとつじっくり考えてみましょう。焦ることはありません。今すぐ答えを書く必要はないのです。じっくり考えながら書き出し、それを実行していきましょう。

その過程で不要だと思ったことは削除し、新たに必要だと思ったことは加えるなどして、着実に自分を動かしていきましょう。

「自分はこんな人間だ。自分はこんな性格だ」と決めつけてしまったら、あなたの成長はそこでストップしてしまいます。あなたの美しい本質的な部分以外は、フレキシブル（柔軟）に、成長の波に乗せ進化させましょう。

頑固一徹《がんこいってつ》だったあなたは、成長の波のなかで揉《も》まれ、丸く穏やかな一面が自分に必要なことを学びとるかもしれません。何が自分に足りていて、何が足りないのか、行動を起こさない限りわからないものです。

なりたい自分になるためには、変化を恐れず、進化を受け入れることです。重い腰を上げて、自分をつくっていくことです。

さあ、今すぐ動きましょう！

word
10

何をやろうとしても、
あなたは間違っている、と批判する者がいる。
いつも、その批判こそ正しいと思わせる
多くの困難が立ちはだかる。
そのなかで、夢の実現のために
行動の道筋を描き、最後まで実行するのは、
勇気がいるものなのだ。

——エマーソン（米国の思想家）

“Whatever course you decide upon, there is always someone to tell you that you are wrong. There are always difficulties arising which tempt you to believe that your critics are right. To map out a course of action and follow it to an end requires courage.”

Ralph Waldo Emerson ★ 1803-1882。思想家、哲学者、詩人。牧師でありながら、自由信仰のため教会を追われて渡欧。超越主義哲学を打ち出し、のちの思想家たちに大きな影響を与えた。

何か新しいことに挑戦しようとする時、「がんばれ！」と応援してくれる人と、「やめたほうがいいんじゃない」と大失敗を予言するような人、必ずこの間に挟まれるものです。何が聞こえてきても、自信を持って夢への第一歩を元気に歩み出せればいいのですが、ネガティブな意見を聞くと、なぜか心に残ってしまうものですよね。

「余計な口出しはしないで！」と、キッパリ言う前に、ひとつだけ胸に留めてほしいことがあります。それは、あなたのことを大切に思い愛しているからこそ、失敗して傷つき落ち込んでほしくない。危ない挑戦をさせたくない……。そんな愛情から飛び出した忠告の場合もあります。

感情的になってしまうと、その真意をつかみそこねてしまうので、忠告や助言はいつも素直な心で受け止めることを、忘れないでくださいね。愛情からの忠告は、たとえ的外れでも感謝しましょう。

さて、「私なら絶対できる！」と自分を奮い立たせて決意したものの、周囲の反対や批判の声のほうが正しいことを裏づけんばかりの出来事が起きてしまい、みなぎる自信は、日に日に弱くなり、ついには自信を喪失してしまいそうになる。そして、「やっぱりやめておいたほうが、身のためなのか……」と、自分の決断が間違っているかもしれないという思考に引っ張りこまれてしまうことがあります。

そんな時に必要なのは、勇気を持つことです。

★勇気の奮い立たせ方

勇気とは、恐怖、不安、躊躇《ちゅうちょ》、あるいは恥ずかしいなどと感じることを恐れずに、自分の信念を貫き向かっていく、積極的で強い心意気のことです。しかし、そう簡単に勇気が湧き上がってくるものではありませんよね。

不安で押しつぶされそうななか、勇気を奮い立たせる方法は、「やってみよう」と決断することです。できるかどうかは、やってみないことにはわかりません。頭のなかでいろいろ考えていても、最初の一歩を踏み出さない限り、すべては想像の世界での出来事なのです。

勇気は、行動を決意することで湧いてきます。そして、最初の1歩を踏み出す力を与えてくれます。1歩前に踏み出すことができれば、2歩、3歩と続きます。すると、リズミカルに自然に足が前に出て、どんどん進んでいくことができます。

人は、できなかったことを後悔するのではなく、できるのにやらなかったことを後悔します。たとえば、海外に留学したいと思っていた。当時は時間もお金もあった。必要なのは「やってみよう」と決断することだけだった。そんな時、留学して時間とお金を無駄にしたという記事を読み、急に自分の時間とお金を失うことが怖くなり、結局、留学はしなかった。

あれから10年が経過し、あの時、留学できるのにしなかったことを今でも後悔している。あの時、勇気さえ持てれば1歩前に出られたはず。どんな成果を築くかは自分次第であり、あの時読んだ記事は、書いた人の成果報告にすぎなかったのに……。

持つべきものは、最悪のイメージではなく、成功のイメージです。そのイメージがあれば、どんな壁も乗り越えられます。

なぜなら、あなたには、その先にあるものがイメージできているのですから。

word

11

自分に打ち勝つことが、
最も偉大な勝利である。

——プラトン（古代ギリシャの哲学者）

“The first and best victory is to conquer self.”

Platon ★ 紀元前427-紀元前347年。ソクラテスの弟子で、アリストテレスの師。西洋哲学に大きな影響を与えた。著書として伝わる『国家』『ソクラテスの弁明』は現代でも読み継がれている。

激しい競争社会に生きていると、無意識のうちに周囲の動向が気になり、負けたくない意識が芽生えてしまうことはありませんか？

知らず知らずのうちに、私は勝った人だと周囲に評価されたい、一目置かれたいというような気持ちになってしまうこともあるでしょう。

たとえば、これまで友情を育んできた友人であっても、就職活動中になると「負けたくない人」に変わってしまうことがあります。友人の内定の話を聞くたびに、まだどこにも決まっていない自分は、「負けた」と感じてしまう。就職先が決まった友人にニッコリ微笑《ほほえ》みながら、「良かったね」と素直に言葉をかけられない。なるべく顔を合わさないように避けてしまう。

これは、結婚や出産に置き換えてみても、よくある話ではないでしょうか。

もしあなたが、勝ち負けにこだわる思考に縛られていると感じるのであれば、今すぐリセットボタンを押しましょう。無意味な競争意識は切り捨てましょう。

人生においての勝負相手は、どんな時も自分自身です。誰かに勝つことよりも、自分に勝つことが最も大切であり、これこそが勝利なのです。

先ほどの就職活動の話に戻って考えると、早く内定をもらった友人、有名企業から内定をもらった友人が勝ちだとしても、それはその時点での話です。3年後、友人は同期社員との競争に疲れ果て、仕事の成果をあげることができず干されているかもしれません。

一方、無名の小さな会社から内定をもらったあなたは、能力が評価されて、お給料が倍になったり、将来を期待され、毎日やりがいを感じて仕事をこなしている可能性だってあるのです。

さて、他人との勝負があるとしたら、3年後の姿はどちらが勝ちでしょうか？

★自分との小さな約束を守る

他人との競争で生きるということは、このように永遠に勝ち負けが続くということです。勝つのは、ほんの一時《いっとき》です。またすぐに、第二ラウンドの火ぶたが切られます。何のために競争し、何のために勝たねばならないのか。もし、その答えがあるとしたら、他人の評価を意識して生きているからです。

幸せな人生は、他人に勝つことではなく、自分に勝つことで築かれていきます。勝負の相手は、常に自分自身です。自分との約束を守り破らない。達成するためにあきらめずにがんばり続ける。そこに自己成長や精神的強さが育まれていきます。

あなたの人生に評価を下すのは、他人ではなく、あなた自身でなければならないのです。あなたを褒め、励まし、怠惰な部分を叱るのはあなた自身なのです。

まずは、自分との小さな約束を守ることから始めてみましょう。

・どんなに疲れていても、毎週水曜日の習い事は休まない。
・3日坊主のウォーキングを2週間続けてみる。
・週に1日、愚痴、悪口、文句を言わない日をつくる。

このように、自分との小さな約束を設定し、それを守っていくことが自分に勝つ力を養います。そして、人生の大きな挑戦を試みる時、それを成し遂げる大きな原動力になりますよ。

word
12

強さとは、身体能力ではなく、不屈の精神から生まれるものだ。

——ガンジー（インドの弁護士、宗教家、政治指導者）

“Strength does not come from physical capacity.
It comes from an indomitable will.”

Mohandas Karamchand Gandhi ★ 1869-1948。イギリスの植民地化にあったインドで独立運動を指揮。非暴力、不服従という理念を掲げ、民衆を導いた。「インド独立の父」として知られている。

将来、海外で働いてみたい、海外で暮らしてみたいという夢を描いている人は、いつの時代にもたくさんいるものです。海外は華やかで楽しそうだからと、将来の目標を海外に設定している人もいるのではないでしょうか。

ニューヨークに生きる私が感じることとは、「英語力よりも大切であり必要なもの、それは精神的強さ」ということです。

不屈の精神から生まれる強さとは、困難に直面しても、あきらめることなくやり遂げる強さですが、この精神こそが海外生活で一番重要なのです。この精神的強さがないと、異国の地では簡単に打ちのめされます。海外旅行で短期間滞在するのと、現地に住んで生きていくことは180度違います。憧れだけでは生きていけない厳しさがたくさんあります。見た目のカッコよさばかりを追求してしまうと、この厳しい現実は盲点となり、見落としてしまうのですね。

通じなくても話そうとする強さのある人、通じないことで萎縮し、さらに話せなくなってしまう人がいるように、精神的強さは、語学学習にも大きく影響を及ぼします。

海外生活で、英語は意思の疎通をはかる重要なコミュニケーションツールですが、実生活においては、実は話すことよりも、聞き取ることのほうが重要です。

知らない土地に生きるということは、現地の人に教えてもらうことがたくさん出てきますよね。そんな時、相手の答えを理解することが重要なのです。

しかし、聞き取れない、理解してもらえない、誰も助けてくれないという三重苦に見舞われると、自分の英語力を自分で責め、自分で自分を精神的に追い詰めてしまう場合があります。

そうならないために必要なのが、不屈の精神です。強い精神が未熟な英語力をカバーしてくれるのです。図太い精神で、自分が理解できるまで、聞き取ることをあきらめない人でいられます。「英語ができない＝無力」、こんなレッテルを自分に貼らず、それはそれ、これはこれと分けて考えることができるようになれるのです。

★自分を支える強さになる「図太い精神」

私が苦労したのは電話です。たとえばインターネット回線がつながらずカスタマーサービスに電話をすると、モデムのライトがどう点滅しているか、どのボタンを押してリセットするか、どのコードを抜くかなどいろいろ指示されます。ところが、聞き取れないのでさっぱりわからないのです。

そこで「Which one?（どれ？）」のひと言で、何とか乗り切ろうとしますが、相手にため息をつかれたり、早く終わらせたい雰囲気を感じたりすると、めげそうになります。しかし、めげたところで問題は解決しない。インターネット回線が今必要な私はあきらめるわけにはいきません。自分で解決しない限り、誰も解決してくれないのです。そこで必要になってくるのが、あきらめない・めげない「図太い精神」です。

また、ニューヨークには多数のアクセントが存在しています。聞き取れない英語に、さらにアクセントが追い打ちをかけますが、そのたび図太い精神力で乗り越えてきました。そして、この聞き取れない、理解してもらえない、誰も助けてくれないという三重苦の連続が、英語力上達と、さらに精神的強さを磨くことにつながります。海外で胸を張って生きていける、強い人になっていけるのですね。

海外に飛び立つ前に、強い精神力と最低限の英語力を磨いておきましょう。そして、誰も助けてくれない厳しい世界に飛び込むというピリッとした感覚をぜひ持ってください。その意識は、海外生活で必ず自分を支えてくれる強さになります。

word
13

私は一年かけて資金を集めようとがんばった。
２４２人にプレゼンテーションして
２１７人に断られたのだ。
こんなに大勢の人から、あなたのアイデアは
投資の価値がないと言われたら、
どれほど気持ちが落ち込むか
想像してもらいたい。それでも私は、
自分の計画が行き詰まるとは思わなかった。

——ハワード・シュルツ（スターバックスＣＥＯ）

“ In the course of the year I spent trying to raise money, I spoke to 242 people, and 217 of them said “no.” Try to imagine how disheartening it can be to hear that many times why your idea is not worth investing in. (中略) Still, I never once believed, not ever, that my plan wasn't going to work. ”

Howard Schultz ★ 1953年生まれ。1987年、シアトルにある小さな珈琲豆専門店だったスターバックス社を買収し、のちに世界的な珈琲ショップに成長させた。現代を代表する名経営者の一人。

夏のバケーションを終えた人々がマンハッタンに戻り始める9月は、小麦色に焼けた肌が美しい人々で賑《にぎ》わいだします。「今年の夏はどうだった？」そんな言葉からスタートする会話は、お互いの夏の出来事をシェアする楽しい時間です。

ある日、長期バケーションから戻ってきた友人のジェーンと、ブライアントパークにあるレストランのテラス席で、冷えたワインを傾けながら楽しい話題に花を咲かせていました。そこに偶然共通の友人、リチャードが通りかかりました。

「久しぶり！」と手短かに挨拶すると、週末に資金集めのパーティーをするからぜひ来てと、誘われました。彼の友人が立ち上げたビジネスを応援しているそうです。

ニューヨークでは、このように資金集めのパーティーがよくおこなわれています。人脈や資金力のある人が集まってくれれば、その援助金がさらなる一歩につながる非常にありがたいことなのです。

また、このようなパーティーは、新しい出会いの場でもあります。私もパーティーで、たくさんの素晴らしい友人に巡り会ってきました。

その週末、私はジェーンとリチャード主催のパーティーに出かけました。そこで紹介されたのが、ソーラーシステムを開発中のマークでした。アメリカでも「グリーンエナジー（green energy）」は大変注目されていますが、カタログの製品は、一見既存製品と大差がないようでした。

マークのプレゼンテーションが始まり、周囲を見回すと、真剣に聴いている人は、ほとんどいません。それでも、マークは熱く語り続けました。

他人の理解を得る時に大切なのは、自分がそれを世界中で一番理解し、信じているということです。「これだ！」「自分なら絶対に成し遂げられる！」という強い気持ちです。

もしあなたのなかに、一抹の不安があると、周囲はそれを敏感に感じ取ります。自分の不安が周囲を不安にさせ、それが自分を不安にさせ、ネガティブの連鎖反応が起きてしまいます。

また、誰一人共感してくれない、誰もが口をそろえて「うまくいきっこない」と言うなかにいると、だんだんと自分の熱意や情熱が弱まる場合があります。

このような時に誰かに「どう思う？」と相談すると、さらなる混乱を招きかねません。自分がなぜそれを決意したのか、何を目指しているのか、何を成し遂げようとしているのか、それらの根底がぐらつき始めるだけです。

★決意は簡単に変えない

誰に受け入れられずとも、自分が決意したことには自信を持ちましょう。なぜなら、あなたが深く考えじっくり詰めた決意だからです。それが身を滅ぼすような無謀なことなのか、熱意と情熱で成し遂げられる未来のあることなのかは、賢いあなたは知っているはずですよね。

周囲から否定され、共感を得られなくても、自分の決意を簡単に変えてはダメです。人は、どんなに否定していても、正しかったという成果を見た途端、考えをコロッと変える人もいることを忘れないでくださいね。

すべては自分を信じることから始まります。自分を信じる力が、自分を動かし、周囲を動かします。

word

14

もし私が木を切り倒すのに
8時間与えられたら、
斧《おの》を研ぐのに
6時間かけるだろう。

――エイブラハム・リンカーン（アメリカ合衆国第16代大統領）

“If I had eight hours to chop down
a tree, I'd spend six sharpening my axe.”

Abraham Lincoln ★ 1809-1865。米国初の共和党出身の大統領。奴隷制の拡大に反対したことで内戦状態になり、南北戦争に結びつく。「奴隷解放宣言」をおこなった政治家としても知られる。

「エリカ、最高なデートにするためには、直前まで忙しくしていることよ」と教えてくれたのは、友人のサラです。結婚歴1回の彼女は、シングルマザーとしての子育ても終了し、ただ今人生のサードステージ、デートライフをエンジョイしています。

サラの言うポイントは、入念な準備が最高の結果につながるということ。これはリンカーンの言葉の意味と同じです。

最高のデートにするためには、運動で汗をかいてお肌をぷるぷるにし、お酒に酔わないように胃袋をある程度満たし、楽しい会話につながりそうな記事を新聞からピックアップする。ネイルサロンで爪をキレイに整え、シャワーを浴びて清潔にし、髪をサラサラにセットする……。

サラの話を聞いていたら、デートをする前に疲れてしまいそうなハードスケジュールですが、「入念な準備」がデートへのワクワクを高めてくれることは間違いありませんね。

一方で、たとえば、相手の男性が今飛び起きたばかりというような姿で待ち合わせ場所に遅れて現れ、行く場所も何も考えていないと言ったら、ガッカリしますよね。

「とりあえず来た」というような様子から、デートを心待ちにしていたわけではなかったと感じられ、盛り上がっていた気持ちがスーッと引いてしまったりします。

男性側にとっては、入念な準備を怠ったことが災いしたとも言えますよね。もちろん、二人の心の結びつきや、交際期間により一概にこうとは言えませんが、「入念な準備」は、いい結果につながるものなのです。

★一流の人が必ずしている入念な準備

これは、人生においても同じです。たとえば、すでに成功しているAさんみたいになりたいと、目標設定をするとします。Aさんみたいになるために、あなたはAさんを真似《まね》ようと考えました。そして、同じようなビジネススタイル、仕事の進め方、人間関係、ブログの書き方、集客の仕方、すべてを真似て何とか近づこうとがんばっているのに……なかなかAさんみたいになれない。

なぜでしょうか？

それは、Aさんが今の地点にたどり着くためにしてきた「入念な準備」、コツコツ重ねてきた努力の部分を経験していないからです。Aさんみたいになるには、表には見えない裏の努力に着目し、実践する必要があります。そのステップがあってこそ、ようやくAさんに近づいていけるのですよね。

たとえば、素晴らしい料理人は、時間をかけて入念に包丁を研ぎます、オリンピックの砲丸投《ほうがんな》げの選手は、たった一擲《てき》のために生涯をかけて練習を積みます。何事も準備に対してどれだけ真剣に捉え行動するかで、結果は違ってきます。

もし、今挑戦していることで、いい結果が出ないことがあるとしたら、結果ばかりに気を取られていて、入念な準備である基礎の部分が疎《おろそ》かになっていないか、確かめてみましょう。

今さら基礎の部分を詰め直すなんて、人生また振り出しに戻るみたいで、時間も労力ももったいないと感じるのは間違いです。ひとつひとつ着実に詰めていくことが、必ずいい結果につながるのです。

word
15

自分自身を信じてみるだけでいい。きっと、生きる道が見えてくる。

――ゲーテ（ドイツを代表する文豪）

“Just trust yourself. Then you will know how to live.”

Johann Wolfgang von Goethe ★ 1749-1832。詩人・作家。詩劇「ファウスト」をはじめ、小説『若きウェルテルの悩み』など後世に残る重要作品を生み出し、ドイツ文学の古典主義時代を築いた。

この先、私はどうなっちゃうんだろう……。なんら不自由なく生活し、十分幸せなのに、突然心がざわついたり、不安を感じたりすることはありませんか？

私も日本に住んでいた頃、夢をしっかり描きながら着実に歩んでいるにもかかわらず、このような心のざわつきを感じていたことがありました。今から考えると、自分で自分を信じきれていなかったのかもしれません。誰にとっても、未来は目に見えないだけに不安に感じるものですよね。

自分を信じるために誰かの賛同や共感を求めると、その人たちの意見に自分の進む方向は左右されます。自分の軸はいつもぐらぐらと揺れ、定位置にしっかり定まりません。本当に進みたい道、生きていきたい道が自分でもわからなくなり、新たな心のざわつきや不安な気持ちに包まれる要因になってしまいます。

将来に不安を感じるのは、失敗が怖いからです。「失敗＝終わり」という構図を自分のなかに描き、周囲からの冷たい視線や憐《あわれ》みの言葉が浮かんでしまう。人生のどん底に落ちた自分を想像してしまう。それが自分を不安にさせるのですよね。

「大丈夫だよ。あなたならできる！」と言って応援してくれる人がいれば、その言葉に励まされ自分を信じることができるという人もいるでしょう。

ここで大切なのは、人の言葉で自分を信じるのではなく、自分の言葉で自分を信じることです。どんなに親しい間柄でも、人のことは「他人事《ひとごと》」です。あなたの人生に責任を持たない言葉で、自分の人生を左右させてはいけません。**人に共感や応援の言葉を求めず、自分で自分を応援し、自分を信じる気持ちを強めましょう。**

「私ならできる！」
「私は、絶対がんばれる！」
「つらくても、厳しくても、たとえ失敗しても乗り越えていこう！」
「失敗は終わりじゃない。成功への過程！」

こんなふうに、自分で自分に声がけすると、自分を信じる気持ちが常に身近で確実なものに変わっていきます。

★未来を開拓する力は、自分を信じることから始まる

私が渡米を決意した時、「安定した生活を捨て、一からスタートするなんて……」というネガティブな声も遠くから聞こえてきました。もし私が自分を信じることができないでいたら、きっと怖くなって渡米はやめていたかもしれません。

でも、私は自分を信じていました。ニューヨークでの起業は、一ではなくゼロからのスタートでしたが、それは決して今まで培ってきたものを「捨てる」ことではないことを知っていました。私には、日本社会のなかでしっかり築いてきた礎《いしずえ》があり、そのうえに新たなものを築いていくのだという、「捨てるのではなく、加える」という生き方が見えていたのです。

すべては自分を信じることから始まります。また、何をするにも自分自身を信じる強い熱意や信念が、未知の世界を開拓する力にもなります。

その熱意や信念が、ネガティブな気持ちを払いのけて、何事も前向きにポジティブに捉えるたくましさにもつながるのです！

word

16

自分を生きている人は、
人生でつまずいても
立ち上がって歩き続ける。

——米国の連続テレビドラマ「Sex and the City」

“ When real people fall down in life, they get right back up, and keep on walking. ”

Sex and the City ★ ニューヨークに住む女性4人の仕事、恋、ファッション、セックスなどをコミカルに描いた、アメリカで人気の連続テレビドラマ。日本でもDVDが発売されている。

大人気を博した、アメリカのテレビドラマシリーズ「Sex and the City」は、ニューヨークを舞台に繰り広げられる、大人の女性4人の物語です。

この言葉は、主人公のキャリーがファッションショーのモデルを体験するエピソードのなかで言った言葉です。ランウェイで派手に転んでしまったキャリーは、颯爽《さっそう》と立ち上がり、靴を片手に堂々とランウェイを歩き続けました。

つまずいても、転んでも、自らの力で立ち上がり歩き続けることの大切さを教えてくれるシーンと言葉です。人目を気にして逃げたり、隠れたりせず、失敗を受け入れ、そこから学び、次の一歩を堂々と踏み出す。それができる女性というのは、強く美しいですよね。

失敗に萎縮したりせず、転べば立ち上がり、落ちれば這《は》い上がるだけです。いつまでも起きてしまった過去に引きずられず、心新たに一歩を踏み出すことができる自分でありましょう。

凛《りん》とした美しい輝きに満ちた人でありたいものですね！

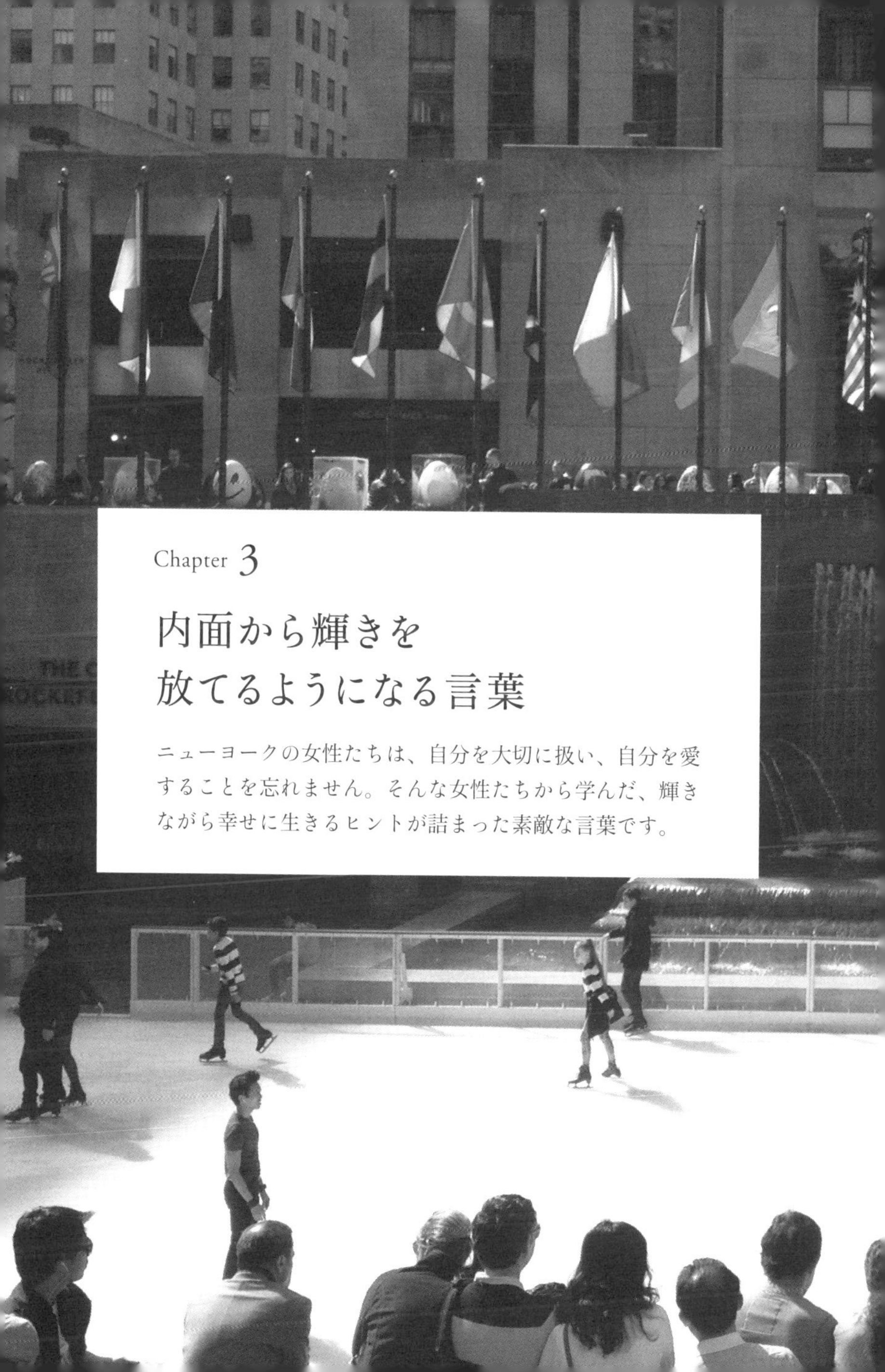

Chapter 3

内面から輝きを放てるようになる言葉

ニューヨークの女性たちは、自分を大切に扱い、自分を愛することを忘れません。そんな女性たちから学んだ、輝きながら幸せに生きるヒントが詰まった素敵な言葉です。

word 17

忘れてはならない。
幸せはあなたが誰であろうと、
何を持っていようと関係ない。
幸せは、唯一あなたの考え次第で
決まるということを。

――デール・カーネギー（米国の作家）

“Remember, happiness doesn’t depend
upon who you are or what you have,
it depends solely upon what you think.”

Dale Breckenridge Carnegie ★ 1888-1955。自己開発プログラムの開発者。『人を動かす』『道は開ける』などの著書は、今でも多くの人々に支持され、世界中でベストセラーになっている。

どんな小さなことにも感謝でき、幸せに感じられる人って美しいですよね。

そんなことを考えながらニューヨークの街を歩いていると、いたるところから「ありがとう」「どういたしまして」という声が聞こえてきます。

たとえば、建物のなかに入ろうとする人が、引いた扉を開けたまま押さえて建物から出ようとする人を先に通してあげる。雨の日に傘をさした状態で狭い通りをすれ違う時、相手が通りやすいように自分の傘をすぼめる。レジで小銭が足りず慌てている人の後ろから、足りない1セント、2セントを差し出す……。

周囲を見渡せば、こんな小さな優しさを反射的にできる人がたくさんいて、また、親切を受けた人は、最高の笑顔を添えて「ありがとう」とお礼を伝える。

たった数秒の出来事ですが、その日一日を最高にハッピーにしてくれるものです。

また、偶然見かけただけでも幸せな気持ちになれますよね。

「あなたは、いつも幸せを身近に感じていますか？」

そう聞かれて、「いきなり〝幸せ〟と言われても、ピンからキリまである〝幸せ〟のどれのこと？」と深く考え込んでしまう方もいらっしゃるのではないでしょうか。

たとえば、自分は人に胸を張って言えるような学歴も職歴もない、ただの会社員。お給料は安く、貯金もほとんどない。みんなが持っている、雑誌に出てくるようなお洒落《しゃれ》なバッグや靴も持っていない。友人たちは子育て真っ最中だというのに、自分には夫どころか恋人すらいない。

どうして私はこんなに不幸なんだろう……。せめて人並みに幸せになりたい。幸せだと感じたことなんてない……。

幸せは、あなたが誰であろうと、何を持っていようと関係ありません。すべてはあなたの捉え方次第、心でどう感じるかです。

人が持っているバッグや靴を買えたとしても、それは周囲の人に追いつけたという安心感がもたらす幸せであり、本当にそのバッグを提げて幸せとは限りませんよね。

そのバッグの流行が去り、違うバッグが注目され始めたら、それを持っていないことをまた「不幸せ」に感じるかもしれません。

バッグの素材、大きさ、デザインなどが、あなたの感性にピーンと響くひとつでなければ、ルンルンする幸せは感じられないものです。

★不幸は幸せに転換できる

幸せは、その人の捉え方次第です。学歴や職歴、収入や資産ではなく、目には見えない心で感じるものです。

もし、不幸だと感じていることがあるのなら、それをすべて書き出してみましょう。そして、じっくり考えてみましょう。その多くは、考え方次第で「幸せ」に転換させることができますよ。

たとえば、今流行のクリスチャン・ルブタンのハイヒールを持っていないことを不幸だと感じているとします。それを幸せに転換するために自問してみましょう。買えたら履くのか、どれほどの頻度で履くのか、自分のライフスタイルと1足10万円の靴はマッチするのか。

もし高価すぎて傷つけるのが怖く、履かずに持っていることで満足の1足になりそうならば、その予算をもっと日常的に長く楽しめることに投資しようと考えましょう。

その時、あなたはワクワクしているはずですよ。

word

18

年を取ったから
遊ばなくなるのではない。
遊ばなくなるから
年を取るのだ。

――ジョージ・バーナード・ショー（劇作家、教育者）

“We don’t stop playing because we grow old;
we grow old because we stop playing.”

George Bernard Shaw ★ 1856-1950。アイルランド人。イギリス近代演劇の確立者として多くの戯曲を残し、ノーベル文学賞を受賞。「ピグマリオン」が映画化され、アカデミー脚色賞を受賞。

11月の終わりから始まるニューヨークのパーティーシーズンは、一年で最も楽しい季節です。たくさん届いた招待状のなかから、どれに行くか、何を着て行くかを考えるのは最高に楽しいひと時でもあります。

その年、私が一番楽しみにしていたのは、ダンス教室のクリスマスパーティーでした。ピーターとペアを組み、情熱的なラテンダンスを披露する作戦を二人で密《ひそ》かに練っていたからです。

雪がちらつく12月、お稽古の帰りにピーターといつものスターバックスで、ホットチョコレートとともに雑談を楽しんでいました。上にのっているホイップクリームはアイスクリームのように冷たく、その下のホットチョコレートは熱々のエキストラホットなので、彼の話を聞きながら、火傷《やけど》をしないように慎重にホイップクリームを味わっていました。すると、「エリカ、実は今年のパーティーが最後なんだ……」とピーターがつぶやきました。

「えっ！」。私は衝撃のあまり、ホイップクリームを鼻の下につけてしまい、白ひげのような状態で、ピーターを見つめました。いつも笑顔のピーターが、真剣な顔で私を見つめています。まさかこんなに早くお別れの時がきてしまうなんて……。私は胸が張り裂けそうになりながら、ナプキンで口元を拭きました。

ピーターは73歳、現役の弁護士です。同じ頃に習い始めたラテンダンスはみるみる上達し、今では誰もがピーターとペアを組みたいと引っ張りだこです。一見元気に見える彼が、死の瀬戸際だったとは全く気づかず、私はなんて薄情な友人なのかと、本当に悲しくなりました。

「どうしてもっと早く言ってくれなかったの？」としんみりしながら言うと、「エリカが絶対に怒ると思って言えなかったんだよ」と言いました。

そして、「エリカも一緒に来ない？」と言ったのです。

「？？天国へ？？」

ピーターは、かじっていたクッキーを噴き出しました。

彼は、レベルアップのためダンス教室を移ることにしたそうです。「死ぬのは、もっとダンスを楽しんでからにするよ」と大爆笑されました。てっきり違うお別れの話かと早合点した私も大笑いしながら、彼が差し出したパンフレットを開きました。

★美しい大人は遊び心を持っている

ピーターの遊び心は年々上昇しています。「楽しい」「もっと上手になれば、もっと楽しいはず」、このような気持ちをいつも抱くことが若さや健康の秘訣《ひけつ》なのですよね。

ハイキングに行ったり、サイクリングをしたり、ダンスを習ったり、武道に挑戦したり、楽器を習ったり、自分が楽しめることを自分で見つけ、その世界に自ら入っていく行動力を持つことが、年を取っても年寄りにならない秘訣です。

年を重ねると、妙な「大人心」が邪魔をして、子どもの頃のように遊び、無邪気に振る舞い楽しむことを「大人気ない」と控える人がいるように感じますが、これは大きな間違いです。精神的に満たされ充実感のある、大人だからこその楽しさ、遊びの楽しさがあるのですよね。

遊びを大切にしている人、楽しめることを持っている人は、何歳になってもキラッと光る魅力に包まれているものです。遊び心をいつまでも持ち続けることは、美しく年を重ねていく秘訣なのです。

word

19

自分の価値を
理解できるのは、
自分しかいない。

――パール・ベイリー（米国の女優・歌手）

“ No one can figure out your worth but you. ”

Pearl Bailey ★ 1918-1990。ブロードウェイミュージカルを経て、テレビや映画に多数出演。チャーミングな女性として人気を博した。1968年、ミュージカル「ハロードーリー」でトニー賞受賞。

「社会は厳しい」。この絶対的なことを理解できていると、大人になり社会の扉を開けた時、ビックリして、いきなり挫折という事態は免れるものです。

社会では、結果がすべてであり、結果が評価されます。どんなにがんばっていても、結果が出せないのは、何もしていないのと同じ扱いなのです。厳しいですよね。

たとえば、あなたがレストランのシェフだとします。そのレストランで、お客さんがパンケーキを注文しました。5分もあればパパッと焼けるパンケーキ、時間のないお客さんはすぐに出てくるだろうと思ってパンケーキを選びました。しかし、15分たっても出てこない。「パンケーキはまだでしょうか？」とウエイトレスに声をかけると、返事は「もうしばらくお待ちください」のひと言。30分経過しても運ばれてきません。お客さんは、このレストランはダメだと、食べる前から評価を下しました。

一方、キッチンでは、焦げたパンケーキは出せないと、あなたは必死で焼き直しをしていました。表には見えない努力を重ねていたのです。

これは、結果が出せない限り、何もしていないと同じと判断されるたとえ話です。努力は誰にも見えない部分であり、社会は目に見える「結果」を重んじるのです。

自分はダメだ。
なんで、こんなこともできないんだろう。
どうして、いつまでたってもこんな調子なんだろう。

がんばりが何にも結びつかない、がんばっているのに失敗ばかりが続くと、まるで自分は能力の劣る、価値のない人間であるかのような錯覚を抱きがちです。他人があなたに低い評価を下し、あなた自身も自分に低い評価を与えてしまう。これが負の連鎖反応です。

そんな時、「よくがんばっているね！」「成果は目の前だね！」と、励ましのひと言があれば元気になれるのに、他人の視線が冷たく感じられてしまう。そして、だんだん自分の殻に閉じこもり、こんながんばりは無駄だとついには投げ出してしまう。

こうして、ネガティブになってしまう人が多いのですよね。

★自分の価値を自分で認める

大切なのは、どんな時も自分の価値を自分で認めることです。自分にネガティブなレッテルを絶対に貼らないことです。

パンケーキを焼くのに時間がかかり、お客さんは怒って帰ってしまった。これは大問題です。社会では厳しくとがめられます。しかし、決してあなたは価値のない無能な人ではありません。この2つをごちゃ混ぜにしないようにしましょう。

自分の価値を信じ、痛い経験から学べば、次は時間内に美味《おい》しいパンケーキを焼き上げ、結果を出そうと奮起できるはずです。何事も結果を出すのには時間がかかります。その努力の過程で、つらく厳しい経験、山や谷に出くわすことがたくさんありますが、**がんばる自分の価値を自分で認めていれば、必ず越えていける、結果に結びつく日がやってきます。**

自分の価値は、自分が思う以上に高いものなのです。そして、そう信じることが価値を上げることにもつながります！

word 20

結婚していようがいまいが、
あなたが幸せなら
それが幸せなのよ。

――グレタ・ガルボ（ハリウッド女優）

“ If you are blessed, you are blessed.
Married or single doesn't matter. ”

Greta Garbo ★ 1905-1990。スウェーデン出身。サイレント映画全盛期で活躍したミステリアスな美貌を持つ伝説的スター。数多くのヒット作を出すも、36歳で引退。生涯独身を貫いた。

「今日は初デート、人生のパートナーと巡り会う日」、そう考えただけで胸がときめきますよね。お相手探し中のあなたは、理想のパートナーのリストをつくっているのではないでしょうか。

実は、幸せな結婚に大切なのは、「理想ではないパートナーのリスト」です。「理想の彼＝幸せ」ならば、「理想としない彼＝不幸せ」と考える必要もあります。仕事や年収、将来性や人間的魅力などの理想の部分だけではなく、その裏面に当たる、たとえば短気、金銭感覚が異常、飲酒・喫煙が多い、マナーが悪く自分とは合わない、面倒くさがりなどの「こんな人はダメ」というリストです。これが結婚後、あなたの幸せを脅かすものとなります。

念願の結婚をしても、「結婚」という二文字にだけ憧れ、相手のいい面だけを見て決めてしまうと、結婚後に見落としていた裏面が見え隠れし始め、「結婚したものの幸せではない」結果になりかねません。

さて、日本では、結婚していないことを「まだ結婚していない」というように、ネガティブな言葉で引用することが多いように感じます。世間一般の適齢期を過ぎたら

「まだ」という言葉がつきますが、結婚適齢期など、そもそも存在しません。

また、既婚者から「大丈夫、結婚できるって」と励まされて、べつに悩んでいるわけでもないのに、このひと言で自分はそんな崖っぷちに立っているのかと、落ち込んでしまうことがあります。

ここで大切なのは、結婚は、「する・しない」ものであり、「できる・できない」ものではないということ。「できる」という言葉は英語で「can」ですが、これは能力を示す言葉です。「結婚できるって」という言葉に妙な不快感や違和感を抱いたり、傷つき、落ち込んだりするのは、「結婚している人は能力があり、結婚していない人は能力がない」というようなニュアンスになるからです。既婚者が、この言葉を独身者に引用するのは、大変失礼なことなのです。深い意味はなくても、デリカシーのなさにつながります。「結婚」はプライベートな領域に属することであり、個々人が違った結婚観を持っていることも尊重しましょう。

★幸せに感じることを再確認する

「幸せの定義」は自分で決めるものです。何を幸せに感じるかは人それぞれ違います。結婚についても同じです。世間や他人の「幸せの定義」や価値観に、惑わされたり、振り回されたりせず、自分の幸せの定義を持ちましょう。まずは、自分が幸せに感じることを書き出してみるといいですよ。たとえば、

・土曜日の夜、おうちで映画鑑賞する。
・フラダンスのインストラクターを目指している。
・毎朝スペシャルレシピの野菜ジュースをつくって飲んでいる。

結婚はそのなかのたった1項目にすぎません。今、独身のあなたが日々の生活のなかで、たくさんの幸せを感じているならば、結婚していようが、していまいが、あなたは幸せです。

つまり、将来結婚した時、あなたはさらに幸せになるということなのですね！

word 21

私がこれまで
思い悩んだことのうち、
そのほとんどは
取り越し苦労だった。

——マーク・トゥエイン（米国の作家）

“I’ve had a lot of worries in my life,
most of which never happened.”

Mark Twain ★ 1835-1910。『ハックルベリー・フィンの冒険』『トム・ソーヤの冒険』『王子と乞食』など数多くの小説やエッセイを発表した、世界的に有名な作家。世界中で講演活動もおこなった。

季節が冬にさしかかった数年前の11月、ニューヨークを前代未聞の大型台風が直撃し、マンハッタンの半分にあたる南側部分が5日間大停電しました。私の自宅もオフィスも見事に大停電地区にありました。

数日前から「エリカ、大型台風が来るよ。大停電するかもしれないらしいよ」と、友人のステファニーが何度も電話をかけてきました。

「そんなに心配しなくても停電しないから大丈夫だって。停電してもすぐ復旧するから。落ち着いて、落ち着いて」と私は、呑気《のんき》に答えていました。

ステファニーは、いつも実際に起きるかどうかわからない未来の心配ばかりをしてしまう人でした。一方私は、未来に描くのはいつもポジティブなことばかりで、それに向けて今を生きるという、つまり彼女とは正反対の性格でした。

そんな彼女の頭のなかには、真っ暗闇の停電したマンハッタンが映し出され、恐怖と不安でパニックに陥っていたのです。そこで、心配性ではない楽天的な私と話すことで、不安を和らげようとしていたのです。

その晩、そろそろ台風が通り過ぎるとステファニーと電話で話していたら、突然プチッと電話が切れ、辺りは真っ暗闇になりました。本当に停電してしまったのです。翌朝、携帯電話の電波を求め、徒歩で北上し、一番にステファニーに電話をしました。幸いにもアッパーウエストの彼女の地域は停電を免れ元気でした。彼女にとっては取り越し苦労、あれだけ怯《おび》えた心配事は現実には起きなかったわけです。

「エリカ、私の家に避難して」と声をかけてくれましたが、私は「ほかの人を受け入れてあげて」と辞退しました。なぜなら、日本が東日本大震災に見舞われた時、私はニューヨークで祈ることしかできなかったからです。

私は避難せず今を受け入れ、一人で復旧までがんばろうと決意しました。真っ暗闇の5日間は、「生きる」ことと向き合う貴重な時間となり、私をさらに強くたくましくしてくれました。

そして、ステファニーにとっては、取り越し苦労は無駄であることを経験し、心配性を矯正する大きなきっかけとなりました。

彼女は一人でポジティブにがんばる私を見て、たとえ何かが起きても大丈夫！　乗り越えられる！　と悟ったそうです。

★心配よりも今に集中する

取り越し苦労は自分を追い詰めます。未来がどうなるか、本当に心配していることが起きるかどうかは誰にもわかりません。わからない未来のことをあれこれ悩むというのは、今に集中できない事態に陥ってしまいます。

たとえば、大学受験に失敗するのではないか心配で勉強に集中できないという場合、今に集中し、今を大切に生きることができたら、成績も伸び、大学受験に成功するかもしれませんよね。

取り越し苦労をする人は、楽天的に構えてみましょう。「大丈夫、大丈夫」と自分を落ち着かせましょう。そして、今生きることに集中しましょう。マーク・トゥエインの言葉のように、心配事のほとんどは起きないのですから。

大切なのは、起きるかどうかわからないことを心配するよりも、今を大切に生きることなのです！

word

22

自分自身を愛することを忘れるな。

――キルケゴール（デンマークの哲学者）

“ Don’t forget to love yourself. ”

Søren Aabye Kierkegaard ★ 1813-1855。人間の実在を哲学の中心に置く実存主義の先駆けとなった哲学者、思想家。『死に至る病』『反復』『不安の概念』など、多数の著作を残している。

ニューヨークの起業家の友人、エレーナは、二人の女の子のママです。資産家のご主人と家政婦さんたちに支えられ、ワーキングマザーをエンジョイしています。裕福な環境にありながらも、いつも謙虚で控えめな魅力あふれる美しい人です。

毎年夏と冬のバケーションは、家族と家政婦さん総出で大移動です。彼女と旦那さんは飛行機のファーストクラスに乗り、子どもたちと家政婦さんはエコノミークラスです。夫婦の時間や空間を大切にした考え方は、なんて素敵なのだろうと感動したことを思い出します。

エレーナは、座る席を分ける理由は、ほかにも2つあることを教えてくれました。興奮してワイワイ騒いでしまう子どもたちにとっては、エコノミーのほうがハッピーであること、そして、偏った一部分の世界を見せるよりも、総合的な世界を見せることが旅の目的でもあることの2つです。

私は「なるほど！」と大きくうなずきました。

そんなラグジュアリーな旅を家族総出で楽しむことが常のエレーナから、ある日、一枚の絵葉書が届きました。オーロラの写真の絵葉書の裏には、「一人で観るオーロラは最高！」と書いてあったのです。家出、もしくは、離婚でもしたのかと、私は驚きながら、机の前のボードにその絵葉書を貼りました。

翌日、共通の友人であるジェシカが何かの話題のついでに、「エレーナ、カナダでオーロラ鑑賞なんて羨《うらや》ましいよね〜」と言いました。ジェシカはエレーナの一人旅を知っていたのです。「一人で」の意味がわからず気になっていた私は「どうして一人旅なの？」と聞きました。

すると「自分を愛する一人旅」という答えが返ってきました。自分を大切にしている人は、結婚して子どもがいても家族から離れ、数日間リフレッシュの一人旅に出ることもあるということを、ジェシカが教えてくれました。

★キラキラ輝く自分を取り戻す一人旅

結婚していても、子どもがいても、家族から離れて自分を大切にする旅に出る。私は、なんて素敵なアイデアなのか、と感動しました。

慌ただしい日常のなかで子どもを愛し、夫を愛し、ついつい疎《おろそ》かになってしまう自分自身を愛する時間。それを時々設けることで、ありとあらゆる自分のことをポジティブに受け入れることができるのです。

疲れた体を癒す。怒った頭を冷やす。誰かを傷つけてしまったことを反省する。思い出したくない大失敗と向き合い自分の中で消化する。自分を責めていることがあったら許してあげる……。

自分を愛するとは、自分のことすべてを受け入れてあげることです。そのためには、自分と向き合うためだけの時間を持つことが必要になります。

夫の理解や、子どもを預かってもらえる環境がない場合は、泊まりの旅行は難しいかもしれませんが、日帰り旅行ならできますよね。

朝、家族の分と一緒に自分用のお弁当もつくり、どこか遠いところに「自分を愛する半日一人旅」に出てみましょう。妻や母という役割を降ろして、一人の女性として自分を見つめる時間を持ちましょう。将来の夢や目標をゆったり考えながら、自分を取り巻くあらゆるネガティブなことは、その旅でキレイさっぱり清算しましょう。

「ただいま!」と玄関を開けたあなたは、キラキラと最高に輝いているはずです。

word

23

なりたかった
自分になるのに、
遅すぎる
ということはない。

――ジョージ・エリオット（英国の女流作家）

“It is never too late to be
who you might have been.”

George Eliot ★ 1819-1880。ヴィクトリア朝を代表する作家の一人。多彩な人間模様や心理描写に優れた作品を発表。『ミドル・マーチ』『サイラス・マーナー』など多くの小説を執筆し、名声を得た。

友人のアンジーは、小さな頃からバレリーナに憧れていました。しかし、彼女の両親は、お稽古事は将来に役立つものが前提であったため、アンジーの可愛《かわい》い願いは却下され、サッカー教室に通っていたそうです。運動をとおし、健康で強い体力を身につけ、機敏に行動できる人になってほしいという両親の願いからです。

成長したアンジーは、社会人になり、子どもの頃から続けてきたサッカーは人生のプラスに作用しているものの、何歳になってもバレリーナへの夢をあきらめきれずにいました。

そんな夏のある日、知人からニューヨークシティバレエ団の公演チケットを2枚もらいました。私は迷うまでもなくアンジーを誘おうと、メールを送りました。すると、すぐに「お誘いありがとう！」というＯＫの返事が戻ってきました。

数日後、私たちは久しぶりに再会し、バレエを楽しんだあと、リンカーンセンターのすぐ近くにあるレストランのテラス席で近況報告を兼ねたディナーを楽しみました。アッパーウエストサイドに住む人々、観光客、オペラやバレエを楽しんだ帰り道の人たちでレストランは賑《にぎ》わい、誰もが夏の夜を楽しんでいました。

氷のお皿一面に盛りつけられたオイスターを自分のお皿に取りながら、アンジーは「エリカ、実はね、私ついにバレエを習い始めたのよ」と言いました。まずは柔軟な体づくりの基本レッスンばかりで「踊る」ことは、随分先になるのだそうですが、バレエは何歳からでも始められるという言葉に動かされ、ついに一歩踏み出したことを、うれしそうに教えてくれました。

★自分で自分に終止符を打たない

あなたは、年齢や環境を理由に何かをあきらめていませんか？

「もうこんな年だし」

「今さら無理に決まっている」

「若い時にしていたらよかった……」

「もし昔に戻ることができるのなら、絶対挑戦してみたい」

趣味のお稽古事に限らず、こんな仕事をしたい、こんな人になりたい、こんな人生を歩みたいと願ったことを「今さら無理」とあきらめるのは早すぎます。自分で自分をあきらめさせるのはやめましょう。それよりも大切なことは、いつからそれに取りかかるのか、ワクワクしながら計画してみることです。

たとえば、自分の思い描く女性像があったものの、結婚や子育てにより自分のことは二の次、三の次にしてきたならば、子育て終了と同時に女磨きを始めましょう。「もうこんな年だし……」と自分に終止符を打つのは厳禁です！

アンジーのように、夢だったお稽古事を始めたり、取りたい資格の勉強をしたり、「こんな人になりたい」という自分の気持ちに素直に生きることが、人生にハリと輝きをもたらしてくれます。

いつか発表会で踊る日を夢見て目を輝かせているアンジーの話を聞きながら、「なりたかった自分になるのに、遅すぎるということはない」という言葉を思い出し、私もそんなふうに生きていこうと思いました。そして、そう強く思わせてくれたアンジーに心から感謝した夜でした。

word

24

飾り過ぎも嫌だけど、平凡でもありたくない。

——エマ・ワトソン（ハリウッド女優）

“I want to avoid becoming too styled and too ‘done’ and too generic.”

Emma Charlotte Duerre Watson ★ 1990年生まれ。「ハリーポッターと賢者の石」でハーマイオニー役に抜擢され、ハリーポッター全シリーズに出演。名門ブラウン大学を卒業するなど、才色兼備の女優。

10歳の時に、映画「ハリー・ポッター」のハーマイオニー・グレンジャー役で映画デビューをしたエマは、仕事と大学生活を両立させた落ち着きのある女性としても有名です。高額なギャラに生活を一変させることなく、常に自分らしさを大切に生きる姿が人気の秘密でもあります。

名声やキャリアを得る過程で、どんどん自分らしさを失い変わっていく人が多いなか、自分の個性を大切に堅実に生きる彼女の言葉には深みがあります。この言葉の意味は「自分らしくありたい」ということ、それがすべてなのですよね。

周囲と比較し「自分はこうあるべきだ」と周囲から答えを探すのではなく、自分自身で「私はこうありたい」と思える。これは、幸せな人生を歩む人に共通していることです。そして、自分の個性を大切に生きることにつながります。

さあ「私はこうありたい」というものを持ちましょう。周囲に流されない自分が確立されていきますよ！

Chapter 4

落ち込んだ時、自分を励ましてくれる言葉

弱気になった時こそ、自分を応援しましょう。ネガティブな気持ちをポジティブに切り替えて前に進む勇気を与えてくれる言葉は、あなたに力をも与えてくれるでしょう。

word
25

今すべきことは、
ホウキをつかんで、
不安という猛獣を
追い払うこと。

――ゾラ・ニール・ハーストン（米国の女流作家）

“Grab the broom of anger
and drive off the beast of fear.”

Zora Neale Hurston ★ 1891-1960。南部のフォークロア（伝承や民俗学）を盛り込んだ代表作『彼らの目は神を見ていた』で、黒人文学に多大な影響を与えた小説家、民俗学者、エッセイスト。

ニューヨークの桜が満開を迎える5月、毎日の気温はジェットコースターのように激しく上下するものの、初夏を感じさせる日もやってきます。街のいたる所には、冬の間に植えられた花が咲き乱れ、人々を幸せな気持ちで包んでくれます。冬の間に閉ざされた扉がパーッと全開し、爽やかな風と幸せが飛び込んでくるような、そんな美しい季節です。

日本の5月も新緑が青空に映える爽やかな季節ですよね。4月から新しくスタートした学校や職場に慣れ始め、新しい環境や人間関係のなかで、一歩一歩成長している自分を感じるのではないでしょうか。

英語で5月（May）は、「青葉が美しい月」と称されます。これからの成長を感じさせる美しい言葉です。激しい大雨や台風に見舞われても、雨水に当たれば当たるほど美しく茂るのが青葉ですが、これは人も同じです。

「5月」で連想する言葉のひとつに「5月病」がありますが、これは日本特有のもので、アメリカにはありません。

「5月病」とは、4月から始まった新しい環境に適応できなかったり、適応しようとがんばり過ぎて、焦りやストレスを感じ、気持ちが落ち込むうつ的な状態のことです。爽やかな風が吹く5月、どうやら自分は「5月病」のようだと感じたことがある人もいらっしゃるのではないでしょうか。

★自分の強さを信じる

「5月病」に限らず、日々の生活のなかで言いようのない「不安」に押しつぶされそうなことは、誰にでもあるものです。「不安」は考え出すと増大します。

・入試や就職試験の前夜、「落ちるかもしれない」と不安で眠れない。
・幸せそうな家族を見るたびに、このまま一生独身ではないかと不安に感じる。
・失敗して上司に怒られた。明日もまた失敗したらどうしようと不安に感じる。
・こんなにがんばっているのに何も変わらない人生。この先が不安で胸が苦しい。

誰もが何らかの「不安」と直面しています。これが人生です！

不安のない人なんて、いません。不安に感じるということは、「今」を直視しているからです。適当に、どうでもいい精神で投げやりに生きていれば「不安」なんて湧いてこないものです。一生懸命にがんばるからこそ「不安」が湧いてくるのですね。

大切なのは、「不安」に押しつぶされないこと。「不安」で心を埋め尽くされないことです。「不安」という名の猛獣が顔を出したら、「私は大丈夫！」と言って、ホウキで思いきり力強く追い払いましょう。自分にはその強さがあると信じましょう。

たとえば、部屋に虫が出てきた。怖いけれど意を決して追い払って退治した。こんな経験は誰にでもありますよね。「不安」を追い払うのは、これと全く同じこと。少し勇気を出せばすぐに追い払えるのです。

「不安」を掃き出したら、不安を感じたことに自信を持てるように、がんばりましょう。「私は大丈夫。私はできる」と自分を信じましょう。

ニューヨークの人は精神的にタフです。どんな過酷な状況でも乗り越えていつもポジティブに歩み続けられるのは、猛獣を追い払うがごとく、不要なものは心にためないということなのですね！

word

26

逆境のなかで咲く花は、どの花よりも貴重で美しい。

——ウォルト・ディズニー（米国の映画製作者・脚本家）

“The flower that blooms in adversity
is the rarest and most beautiful of all.”

Walt Disney ★ 1901-1966。アニメーター、映画監督、実業家。人気キャラクター、ミッキーマウスの生みの親であり、1955年、カリフォルニア州に世界初のディズニーランドをオープンさせた。

私は大雨が降りだしそうな空を見上げながらオフィスに向かって歩いていました。日没後、静かに暮れていく美しい空をじわじわと黒い雲が覆いだし、空はゴロゴロと異様な音を立て始めていたのです。通りがかったエンパイア・ステート・ビルディングは、靄《もや》に包まれ不気味に輝き、まるでバッドマンが出てきそうな光景。

オフィスまであと数ブロックと迫った時、ドカーンという雷鳴とともに、激しい大雨が降りだしました。通りのお店の軒下は避難する人々で瞬《また》く間にあふれかえり、先を急ぐ人たちは、大雨のなかを走り出しました。

その日私は、コンベンションセンターで開催されたビジネスエキスポのセミナーに参加していました。参加者の多くは起業家たちで、同じ意識を持つ士気の高い人との交流は学びが多く楽しいものです。

ニューヨークのセミナーでは、参加者がお互いを知るために簡単な自己紹介を順番にすることがよくあります。自分と共通点がありそうな人は記憶し、セミナー後に名刺交換や雑談を交わし交流を深めます。

セミナーが終わると、一人の女性が声をかけてくれました。カリフォルニアでカジュアルブランドを展開しているヴィクトリアです。彼女の名刺に書かれたブランドはセレクトショップで何度も見たことがあり、彼女は言うまでもなく、成功への階段をのぼっている人でした。

ヴィクトリアは、カナダでブランドを立ち上げ軌道に乗った矢先、パートナーにすべてを取られてしまったそうです。そしてアメリカに戻り、再び一からブランドを立ち上げたのです。その話のなかで、成功のレールに乗ると安心して注意散漫になりがちだけれど、乗ってからこそが努力と注意をしなければならないことを教えてもらいました。ヴィクトリアは、「成功とは、どれだけの逆境を越えられるか」だと言いました。カリフォルニアの眩《まぶ》しい太陽を感じさせるチャーミングな笑顔は、まさに逆境を越えてきた人の持つ、自信と輝きに満ちあふれていました。

★逆境を越える強さと賢さを身につけるには？

私はその話を聞きながら、何とかレールに乗っただけで安心している自分に気づいたのです。これは、彼女いわく「よくある転落のパターン」だったのです。不気味な空の色と、うなり声のような雷鳴は、まるで私の未来を予言しているかのように感じられ、激しく降る雨のなかを小走りでオフィスにたどり着きました。

翌朝メールをチェックすると、ヴィクトリアからサンキューメールが届いていました。そこに、このディズニーの言葉「逆境のなかで咲く花は、どの花よりも貴重で美しい」が書いてあったのです。私は、この美しい言葉にいきなり元気と勇気をもらいました。そして、この言葉のように生きていきたいと強く感じたのです。

越えても越えても、逆境はどんどんやって来ます。自分の目指す道にやっとたどり着けたと安心した矢先に襲ってくる逆境。それにめげずに越えていく強さと賢さは、越えることで身につきます。越えれば越えるほど、強く賢くなれるのです。

つらく厳しい時は、髪の毛を振り乱し、卑屈になったり、落ち込んだりしがちですが、そんな時だからこそ、自分本来の美しさを見失わずに進みましょう。

決して枯れ果てることのないように、自分を厳しく律しながらも、がんばる自分を褒めたり励ましたり、疲れた時には元気復活につながる癒しを与えるなどの愛情を注いで、美しく咲き続けていたいですね。

word
27

どんな人間も、
自分が思っている以上の
ことができる。

――ヘンリー・フォード（フォード・モーター創業者）

“There is no man living who isn’t capable of doing more than he thinks he can do.”

Henry Ford ★ 1863-1947。自動車を大量生産する工程を取り入れて、自動車を大衆のものに育て上げ、ビッグスリーのひとつであるフォード・モーターを築いた。「世界の自動車王」と呼ばれる。

実生活のなかで、「もうこれが限界、これ以上は無理」と思ったのに、もう少しがんばってみたら「できた！」という経験は、たくさんあると思います。

たとえば、もうこれ以上走れないと思ったけれど完走できた。すごい量の英単語を見て、最初はこんなにも覚えられるはずがないとクラッとしたけれど覚えられた。一日にこれだけたくさんの仕事をこなせるはずがないと朝の時点では途方に暮れたけれど、寝る前にはすべて完了していた……。

実は、誰にでも自分が気づいていない、眠っている力や能力があります。力を出し尽くしたと感じていても、まだ自分の中に「余力」が残っているものです。これらが、自分が思っている以上のことを成し遂げる、自分でもビックリする力です。

人は誰でも想像以上の力を持っているのです。なのに、将来の夢や目標を描きながら、自分がこんなすごいことを成し遂げられるはずないと、心のどこかで「無理だ」と自分の能力を見限ってしまうことはありませんか？

挑戦する前に出てくるのは、やる気ではなくあきらめとため息……。そんな時に限って、周囲の人からも「無理、無理、あなたには無理よ」と、まるであなたの実力や能力を知り尽くしたような言葉が聞こえてくる。すると「やっぱり私なんかにできるわけがない、無理に決まっている」と、素直に納得してしまう。

「できない」と思ったらできない、「できる」と思ったらできるものです。結局は自分を信じられるかどうかなのです。

★どんな苦境にあっても自分を励まし応援し続ける

「自動車の育ての親」と称されるヘンリー・フォードの夢は、富裕層の人々にしか自動車が買えない時代に、大衆のための安価な自動車を開発することでした。その夢を実現する過程では、経営がうまくいかず解散となったり、自らの名前をつけた「ヘンリー・フォード・カンパニー」という会社でチーフ・エンジニアに就任したものの、そこを去ることになったりなど、何度も失敗を重ねています。

しかしその渦中にあっても、自分の能力を見限ったりすることなく、強い信念で、大衆でも購入できる大量生産技術を開発し、多くの人に自動車を普及するという夢を成し遂げました。

大切なのは、何度失敗に見舞われても目指す地点を変えない。変えるのは、どうすればそこに到達できるのかという方法です。そして自分なら必ずできると、自分を励まし応援することです。成し遂げようとする強い信念と情熱が、自分のなかに眠っている力や能力を目覚めさせてくれます。

失敗が続くと、自分はたいしたことがない、劣ったものだと卑下して考えがちですが、そのような思考は絶ち切りましょう。たとえ周囲が失敗し続けるあなたを気の毒な目で見ていても、そんな視線は払いのけましょう。

あなたは、あなたが思っている以上のことができるものです。「ここまで」と思った、その先の先まで、たどり着くことが必ずできるのです。そしてそれを成し遂げた時、自分に自信がつき、もっとできるかもしれないという自分の可能性に気づき、挑戦する気持ちにつながっていくのですね。

word

28

失敗は回り道。
行き止まりではない。

――ジグ・ジグラー（米国のモチベーションスピーカー）

“ Failure is a detour, not a dead-end street. ”

Zig Ziglar ★ 1926-2012。1962年、訪問販売の全米トップセールスマンとなり、のちにやる気と希望を与えるモチベーション講演家として世界中で活動。多数のベストセラー著書を持つ。

アッパーウエストサイドのリンカーンセンターには、全米随一のメトロポリタンオペラハウスと、美しい噴水広場があります。

オペラの上演が始まる頃、ライトアップされた美しいオペラハウスに向かって、ドレスアップした熟年カップルがお互いを支え合うように手をつなぎ、楽しそうに歩いていく姿は見とれるほど素敵です。私は理想のカップルの姿を目にするたびに、幸せのおすそ分けをいただいた気持ちになります。

メトロポリタンオペラハウスは、世界中の観光客が一度はそこで観劇してみたい劇場のひとつとされています。真っ赤な絨毯《じゅうたん》が敷き詰められた螺旋状《らせんじょう》の階段に、豪華絢《けん》爛《らん》なシャンデリアの輝きは、誰をもの心を魅了する美しさです。

その年、ボストン留学時代の友人ナタリアが、ウルグアイから新婚旅行でニューヨークに来るという連絡がありました。私はお祝いにオペラのチケットを用意し、10年ぶりに再会しました。会えなかった長い期間が嘘《うそ》のような楽しいひと時を過ごし、お祝いのオペラのチケットと、プチブーケをプレゼントしました。

数週間後、ウルグアイに戻ったナタリアから電話がかかってきました。オペラがどれほど素晴らしかったかという感想とお礼、再会がうれしかったという話です。そして、最後に大失敗の話をしてくれました。

どうやら、オペラに行くために、タクシーの運転手さんに「メトロポリタン」と告げたら、メトロポリタン美術館に連れて行かれてしまったそうです。てっきりオペラは「美術館」で上演されるのだと思い、受付で聞いたら驚かれたという笑い話です。

ニューヨークには、メトロポリタンミュージアムとメトロポリタンオペラハウスの2つの「メトロポリタン」があり、「メトロポリタン」とだけ言えば、美術館だと思われます。「リンカーンセンターのメトロポリタンオペラ」と伝えていれば、遠回りすることにはなりませんでした。

幸いこの2つの建物は、セントラルパークを挟んで東西に位置し、車で15分程度の距離です。彼女の陽気なスペイン語交じりの英語を聞きながら、小さなニューヨークドライブを楽しんだことが十分伝わってきました。

★失敗は次なる挑戦への始まり

失敗はいかなる場合にも起きるものですよね。旅行中の失敗、仕事の失敗、人生の失敗などいろいろあるものです。

失敗した時というのは、行く手を大きな壁にさえぎられたような、「万事休す、一巻の終わり」の心境になりがちですが、それは、「失敗＝終わり」という方程式があなたのなかに存在するからです。実は失敗は終わりではなく、次なる挑戦への始まりなのです。行き止まりではありません。

失敗は、本来進むべきレールを見つける貴重な経験です。時間と労力をかけてきたけれど失敗した。では、別のやり方で別のルートから挑戦してみよう。このように、「挑戦」し続ける意識を持つことで、失敗を次に生かしていけるのですね。

これはまるで登頂を目指し、登ってきた道が山頂に続かないことに気づいたようなものです。あなたはこの失敗の経験から学び、別のルートで挑戦しますよね。

目標や夢にたどり着けるまで、どれだけ遠回りしても、最終地点にたどり着ければ、それが成功です。速さや距離は関係ありません。そのためには、回り道を無駄なことと思ったりせず、ポジティブに捉えていきましょう！

word
29

涙で目が洗えるほど
たくさん泣いた女は、
視野が広くなるの。

——ドロシー・ディックス（米国のジャーナリスト）

“It is only the women whose eyes have been washed clear with tears who get the broad vision that makes them little sisters to all the world.”

Dorothy Dix ★ 1861-1951。「人生相談コラム」の先駆けとなった人気ジャーナリスト。とくに、結婚に関するアドバイスは大人気で、世界中の新聞に掲載。約6000万人の読者がいた。

ひとつの恋が終わり、いつまでも涙が止まらない。あんなにうまくいっていたのに、どこで歯車が狂ったのか、どうして別れることになってしまったのか。後悔してもしきれない思いが日増しに募る。できることならまた元の関係に戻りたいけれど、彼にはもう新しい彼女がいるらしい。また私は一人ぼっちになってしまった……。

失恋のたびに、まるでこの世の終わりであるかのような気持ちになりがちですが、ひとつの恋が終わるたびに必要なのは、心の整理。思い出が多ければ多いほど、愛情が深ければ深いほどつらく悲しくなるのは当然です。明るい日中は元気に乗り越えられても、日暮れと同時に押し寄せる悲しみ。忘れよう、忘れようと思ってもそう簡単には忘れられずに、涙がどんどんあふれてくるものです。

いつまでも涙があふれるのは、恋の終わりで2つの大きなことを失うからです。ひとつは、彼というういつも自分の日常にいた「人」、そしてもうひとつは、いつも自分を理解してくれた彼の「心」です。

いつも一緒にいた人が急にいなくなってしまったという寂しさは、彼への依存に比例して大きくなります。そして、彼の心が離れてしまった寂しさは、大切な心のよりどころを失ってしまった喪失感があなたの心にぽっかり穴を空けてしまったのですね。ダブルの悲しみが心に重くのしかかります。

悲しい時は、こらえようと我慢したりせず、流れる涙をそのままにしましょう。内にたまったものを出すことで、新しいものが入るスペースが用意されます。

★涙の分だけ強く美しくなれる

失恋から立ち直るには、自分の心を自分で切り替える、吹っ切るしか術《すべ》はありません。誰かに悲しい胸の内を聞いてもらったり、慰めてもらったり、励ましてもらっても、なかなか消化することはできません。つらく悲しいけれど、自分で解決するより仕方がないのが恋の終わりです。

吹っ切ることを、英語で「ムーブオン（move on）」といいます。恋愛のシチュエーションにおいては、精神的・感情的に移動する、進む、忘れる、そこに執着しないという意味です。

泣くだけ泣いて、この恋の終わりを過去の出来事にしよう、吹っ切ろうという時に、

「ムーブオン、ムーブオン」と自分に声がけをするといいですよ。この言葉は、自分の心を自分で動かす力になります。

女性が涙を流す時というのは、恋の終わりに限りません。心から信じていた人に裏切られた、うまくいくはずだと思ったことが失敗に終わった、相手の理解を得られず理不尽な目にあわされたなど、職場の人間関係やハラスメントで悔し涙を流すこともあるでしょう。

長い人生の間に流すたくさんの涙。その涙で自分を悲しみのドン底に落としたりせず、涙の分だけ賢く、強く美しくなることを意識しましょう。

人は、悲しいことがあると、内にこもり視野が狭くなり、うつむき加減で足取り重く歩いてしまうものです。そんな自分に気づいたら、太陽に顔を向けて颯爽《さっそう》と歩きましょう。

悲しい出来事で、自分をいつまでも「悲しい人」にしてはダメです。涙を拭いたら、広い視野で明るい未来を見据えて元気に歩んでいきましょう！

word
30

絶えずあなたを何者かに
変えようとする世界のなかで、
自分らしくあり続けること。
それが最も
素晴らしい偉業である。

——エマーソン（米国の思想家）

“To be yourself in a world that is constantly trying to make you something else is the greatest accomplishment.”

Ralph Waldo Emerson ★ 1803-1882。思想家、哲学者、詩人。牧師でありながら、自由信仰のため教会を追われて渡欧。超越主義哲学を打ち出し、のちの思想家たちに大きな影響を与えた。

流行が生まれるニューヨーク。それはファッションのみならず、食においても同じです。「今ニューヨークで注目の○○」「ニューヨークで大流行の○○」という言葉で表現されるように、世界中の人々はニューヨークからやってきた目新しいものに魅了され、我先にと実生活に取り入れたがるように感じます。

実は、他国や他地域の人から「エリカ、今ニューヨークで○○が大流行なんだってね」と言われ、「えっ、そうなの？」と驚くことが多々あります。

以前日本の友人から「エリカ、今ニューヨークで〝ジャーサラダ〟が大流行なんでしょ。日本にも上陸したよ〜」と言われました。私が知らないだけかと思い、流行に敏感なファッションモデルのアドリアーナに聞いてみることに。「アドリアーナ、ジャーサラダって知ってる？」。

すると彼女は「どんなサラダ？」と、質問に質問で答えました。

アメリカではもしかしたら違う名前なのかもしれないと思い、写真を見せました。すると、「ガラスの瓶にピクルスがこんなふうにキレイに重ねて詰めてあるのは見たことがあるけれど……」という回答でした。

私のみならず、彼女も「ジャーサラダ」を見かけないということは、「大流行」ではなく、どこか一部の地域で一部の人の間で人気ということだったのでしょう。

★自分らしくないものは追わない

多民族都市であるニューヨークは、おのおのが「自分らしくあること」を大切にしています。これは、民族的理由、宗教的理由、そして個性を重んじる人が多いことが理由としてあげられますが、これらにより、ひとつのことがニューヨーク全土に爆発的に大流行することはないのです。

身近で流行《はや》っていても、それに便乗しない人たちがたくさんいます。たとえば、「ニューヨークで大流行のハンバーガー」であっても、宗教的理由、動物愛護の理由、健康志向の理由で、ハンバーガーを食べない人がたくさんいます。

そう考えると「大流行とは、好きな人たちの間だけで流行っている」という解釈になりますね。

また、ニューヨークのユニークなところは、「流行が生まれる街であり、流行に流されない街」であることです、今秋はチェック柄のロンドン風が流行る、口紅はダークと大々的に世界に向けて発信されていても、一目散に飛びつき、去年のパリジェンヌ風から180度自分のスタイルをロンドン風パンクに変える人はいません。何が流行っていても一番優先すべきことは「自分らしさ」という意識が根づいています。

変化する時代に乗り遅れないように、自分を進化させることに敏感であることは大切ですが、「流れ消えていく流行」に身を染めるのは、本来の自分らしさを見失うことでもあります。

たとえば、今流行のセルフブランディングが、自分をPRするためにプライベートな写真や出来事をSNSにアップすることだとしても、それが自分らしさではないのなら、自分は追わないとキッパリ決断する。それが最も素晴らしい偉業です。

本当はそんなことしたくないけれど、自分だけしていないと浮いてしまいそうだし、周囲から何か言われたら嫌だし……と、自分がどうしたいのかではなく、周囲がそうだからを優先して物事を決めるのはやめましょう。

「自分らしさ」を大切にすることは、自分を大切に生きることと同じです。

word

31

すべては練習のなかにある。

——ペレ（ブラジルの元サッカー選手）

“Everything is practice.”

Pelé (Edson Arantes do Nascimento) ★ 1940年生まれ。サッカーブラジル代表として、FIFAワールドカップで３回優勝。22年間で通算1281点を獲得し、「サッカーの王様」といわれている。

ニューヨークを象徴する建物のひとつに、エンパイア・ステート・ビルディングがあります。朝焼けのなかに輝く姿、夕暮れ時の哀愁を帯びた姿、暗闇のなかにライトアップされた姿、いつ見てもその姿に魅了されるアール・デコ様式が美しいビルです。ライトアップのカラーには意味があります。アメリカの独立記念日は、アメリカ国旗のカラー、カリビアンウィーク（カリブの魅力を伝えるカリブの観光活動）は紫・青・緑・オレンジ・赤・ピンクの6色で彩られます。バレンタインデーには、燃えるような赤とピンクのグラデーションが情熱的に輝きます。

ある日、エンパイア・ステート・ビルディングが赤と白、日本の国旗カラーでライトアップされました。「なでしこジャパン」がワールドカップ初優勝を果たした夜の出来事です。私は、遠く離れたニューヨークから、日本女子たちの健闘を喜び、その勝利はどれほどの練習の先にあったのかに思いを馳《は》せました。

プロの選手は「練習を練習で終わらせない」という話をどこかで聞いたことがあります。「練習」とは、本番がうまくいくように繰り返しおこなうことという意味がありますが、「練習を練習で終わらせない」というのは、「練習」は本番と同じという意識

のなかで、繰り返しおこなわれるということなのですよね。

これは人生も同じです。**何かを成し遂げるためには、ただひたすらに「努力」を続けることが大切です。**この「努力」は「練習」と同じことなのですよね。コツコツあきらめずに続ける努力が実を結ぶのかどうかは、誰にもわかりません。これは、猛烈な練習がいい結果につながるかどうかわからないのと同じです。

がんばり続けるのは、いい結果につなげるためですが、このプロセスが自分を強く美しく磨いてくれます。たとえすぐにいい結果が出なくても、練習や努力は間違いなく自分を成長させてくれます。結果以上にかけがえのない大きなものなのですね。

★練習や努力は人生を力強く歩む糧

何かになりたい、何かを成し遂げたいと思ったら、それに向けてのプロセスに手を抜かない、猛烈にがんばることがすべてです。その部分を疎《おろそ》かにすると、なかなか目標に到達することができません。いつまでたっても夢は夢のままで、自分と夢の距離は開いたままです。

なかには、これだけがんばっているのに成果につながらないという人もいるでしょう。そんな時、自分を卑下したり、がんばることは意味がないのではないかと、今までの自分を否定したりしていませんか？

ネガティブに考えだすと、何もかも放り投げて逃げ出したくなってしまうものです。今までのがんばりを無にすることは、ちょっと待ったです！

結果を出すために続けてきた「練習や努力」の価値を実感する日は必ずきます。今はそのはかりしれない大きさに気づかずとも、将来必ず「あの時があったから、今の自分がある！」と思える日がくるものです。

一見無駄に思えることをコツコツ続けてきた、思うような結果につなげることはできなかったけれど猛烈にがんばってきた人は、自分が思う以上に強くたくましく成長しています。

それは、これからの人生を力強く歩む糧です。がんばることを嫌った人、練習をさぼった人たちが持っていない、一夜では手にできない貴重な「糧」なのです。

word

32

時にシングルウーマンの
道は厳しい。
だから歩くのが
楽しくなる特別の靴が
必要なのだ。

——米国の連続テレビドラマ「Sex and the City」

“The fact is, sometimes it’s hard to walk in
a single woman’s shoes. That’s why
we need really special ones now and
then to make the walk a little more fun.”

Sex and the City★ニューヨークに住む女性4人の仕事、恋、ファッション、セックスなどをコミカルに描いた、アメリカで人気の連続テレビドラマ。日本でもDVDが発売されている。

アメリカの連続テレビドラマ「Sex and the City」のなかで、靴をこよなく愛する主人公キャリーが言った言葉です。

大好きなブランド「マノロブラニク」の靴を買い過ぎて、破産寸前になるエピソードもあるほど、彼女と靴は深くつながっています。

「シングルウーマンの道は、時に厳しく平坦ではない」。

これは、日本もニューヨークも、世界中どこでも同じなのですよね。誰にも依存せず、自立して生きていくということは、楽しいこともあれば、つらく厳しいこともあります。出かけるのが億劫《おっくう》になったり、まるで足に鉛がついているかのように一歩一歩が重く感じることもあるでしょう。

そんな時、履いて出かけたくなるような素敵な靴があれば、気持ちは一気にアップしますよね。**お気に入りの洋服に合わせる「特別の靴」は、モチベーションアップにピッタリ**です。

足を元気に装って、自分の活力にする。そんなお洒落《しゃれ》のしかたができる女性って、素敵ですよね！

N YORK
OT DOG

Chapter 5

しなやかな人間関係を育む言葉

ニューヨークで気づいた、幸せな人間関係を築くために心に留めておくべき言葉を集めました。思いやりと愛にあふれる人間関係を育むことは、最高の宝物となるはずです。

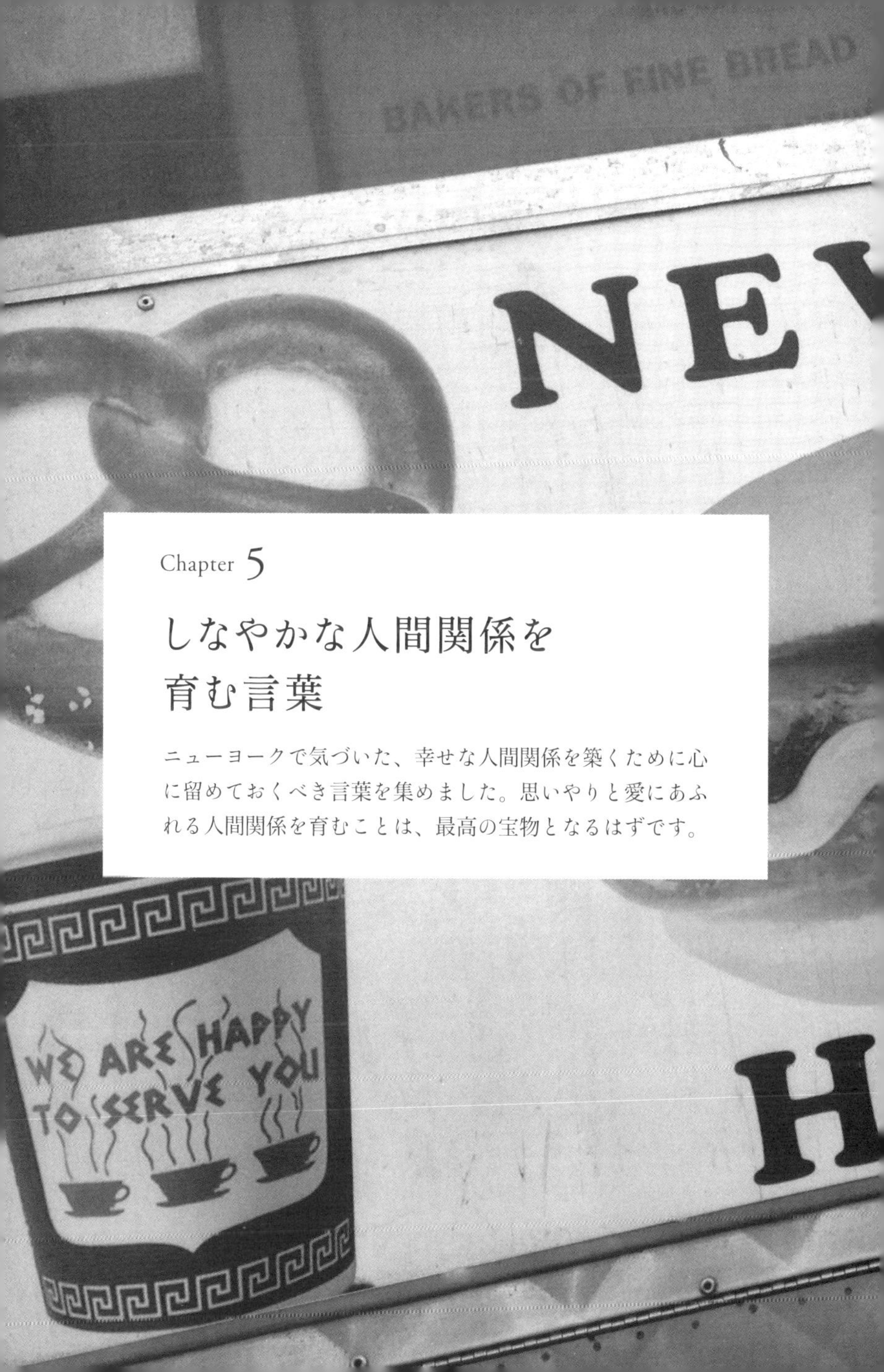

word 33

相手を判断する時は、
その人の答えよりも
質問で判断せよ。

——ヴォルテール（フランスの哲学者）

“Judge a man by his questions
rather than his answers.”

Voltaire ★ 1694-1778。啓蒙主義を代表する哲学者であり、作家、文学者、歴史家。大規模な百科辞典『百科全書』の編集に携わった百科全書派の学者の一人として活躍した。

移民の国アメリカは、ネイティブアメリカン以外は誰もが○○系というルーツを持っています。たとえば、アイルランド系アメリカン（Irish American）などです。アメリカでの自己紹介は、ＴＰＯに合わせてさまざまなスタイルがありますが、カジュアルな場面で一般的なのは、ファーストネームだけでの挨拶です。

「I am Erica, nice to meet you!（エリカです。初めまして）」

ここで人によって気になるのが私のルーツです。これは、出身国と何系かがわかれば、共通の話題も見つけやすく、その人を知るきっかけにもなりますよね。

私は相手により、挨拶のバリエーションを変えています。ラストネームまで称することで、日本人であることを相手の想像に任せたり、「日本人です」と名前の後にはっきりつけ足すこともあります。

日本という国に憧れを抱く人も多く、その文化・風習と国民性はいつも高く評価されています。日本人と話したのは私が初めてという人も多く、「わあ〜、日本人なのね」と、相手に一目置かれることも多々あります。

神秘の国で、周りにあまりいない日本人。そのため、「日本」という言葉はマジカルワードとなっています。しかし、このマジカルワードはいいことばかりではなく、悪いことも引き寄せる力を持っています。たとえば、日本は豊かな国だと認められているだけに、「日本人からはお金をとれる」とほくそ笑む人もいます。

異国の地では、自分のルーツを伝えるかどうか、これらのことを瞬時に判断し、選別していくことが非常に重要です。たとえば海外旅行で、知らない人に声をかけられ、「何人《なにじん》?」「どこから来たの?」「どこに泊まっているの?」「一人旅?」と聞かれることがあると思います。そんな時、現地の人と英語が話せるうれしさと楽しさで、聞かれるがままに答えていませんか?

「相手が何を問うかで、相手を判断する」。これを忘れないでくださいね。知る必要のないことを聞いてくる人には注意が必要です。

★質問には人間性が表れる

ヴォルテールの言葉は、人を判断する大切なことを教えてくれています。これは海外に限らず日本でも同じです。あなたも「なぜ、この人はこんなことを聞くのだろう」「なぜこの人は私のプライベートの領域にまで踏み込んできて詮索するのだろう」という経験があると思います。そういう時は、相手の質問に答えながら居心地の悪さを感じたり、不快感に包まれたりするものですよね。

質問はその人の人間性が表れるもので、大きく2つに分かれます。

・あなたという「人」を知りたい質問。
・あなたの「生活」を知りたい質問。

言葉はその人を映し出す鏡です。注意深くその言葉を聞くことで、その人の人間性を感じ取ることができます。

たとえば、あなたが体調を崩してしまった場合、まず具合を心配して「大丈夫？何か食べたいものはない？」などと質問してくれる人もいれば、あなたの具合など知らん顔で、相手が聞きたいことを聞いてくる人もいるでしょう。

これは、どちらの人が正しいとか優しいという意味ではなく、あなたがその人を判断する材料になりますね。このように相手の質問に注意深くなることで、その人の人間性を知ることができるのです。

word 34

結婚する時はこう自問せよ。
「年を取ってもこの相手と
会話ができるだろうか」。
そのほかは年月がたてば
いずれ変化することだ。

——ニーチェ（ドイツの哲学者）

“When marrying, ask yourself this question:
Do you believe that you will be able to converse
well with this person into your old age?
Everything else in marriage is transitory.”

Friedrich Wilhelm Nietzsche ★ 1844-1900。『悲劇の誕生』『ツァラトゥストラはこう語った』などの著作を持つ、後世に大きな影響を与えた実存主義の先駆者。生の哲学の哲学者と称される。

「エリカ、またファーストデートと間違えられちゃった！」と、試着したデート用のドレスを私に見せながらクルッと一回転して満足げに微笑《ほほえ》む友人のアメリア。大学時代のボーイフレンドとゴールインした彼女は、結婚してすでに10年、二人の子どものママさんです。私は「また〜！」と驚きの声をあげながら、私の横でニッコリ微笑んでいるアメリアの夫、ライアンの横顔をまじまじと見つめました。

この日は、アメリアと二人で「デート服」の買い物を楽しむ予定でしたが、その噂《うわさ》を聞きつけた彼がお邪魔承知でついてきたのです。

女の買い物は退屈、時間ばかりかかって楽しくない、何でもいいから早く決めて、という男性もいれば、ライアンのように女性の買い物を一緒に楽しむ男性もいます。それが結婚10年超えの夫婦なら、本当に素敵ですよね。これは、相手への関心を抱き続けている証拠でもあります。

楽しそうにドレスを試着するアメリアと、うれしそうに眺めるライアン。だんだんお邪魔虫はライアンではなく、もしかして私？？？という気分になりながら、三人で楽しい午後を過ごしました。

夫婦円満は、自然のなせるわざではなく、夫を飽きさせないように常にワクワクさせ、関心を抱かせる妻の努力の成果とも言えます。愛するパートナーとの時間を大切にするニューヨークの女性たちは、パートナーの心がときめく装い選びに余念がありません。シチュエーションによってドレスや靴を着分ける女性たちは、女子会の装い、愛する人のための装いと分けて考えています。

そんな女性の意識は、パートナーにとっては「自分を楽しませてくれるために、一生懸命努力してくれている」と映り、愛されている、大切にしてもらっている実感につながります。

とくに子どもが生まれると、どうしても仕事や子ども優先になり、パートナーを喜ばす意識や、二人の時間を楽しむ余裕は後回しになりがちです。パートナーは、自分こそが最優先されたいのに、自分は後回しのお荷物的な存在……。いつしか、二人の関係に隙間ができ深い溝になっていきます。

愛は花と同じで、水や肥料をやって太陽に当てたり日陰に置いたり、細心の注意を払いながらこまめに手をかけ育てるものなのですよね。放置すれば、干からびて枯れてしまいます。強いから枯れるはずないと思った花こそ、ある日突然枯れます。

★結婚する時に注目すべきこと

アメリアとライアンは、いい関係を保つための努力をお互い怠らないカップルです。彼のためのドレスを着た彼女に「今夜の君はとてもきれいだよ。(You look beautiful tonight!)」と言って褒める彼。お互いを輝く瞳で見つめ合いながら、いつも初デートのように楽しんでいるし、周囲にはそれが本当に初デートに見えるのですね。

彼女たちの結婚の決め手は「楽しい会話ができる関係」でした。趣味趣向が似ている、性格が合うという枠を超え、知的レベルや何を大切に考えるかというポイントが同じであること。そして、お互いを尊重し、お互いへの関心が薄れない関係が築けると確信したそうです。

会話があり、楽しい笑い声のある夫婦、結婚当初はそれが当たり前でも、年々環境の変化とともに夫婦関係も変わります。そんななか、時の経過で影響を受けないことは、その人の持つ人間性であり、物事への捉え方や考え方です。結婚する時は、相手の変わらない本質の部分に、未来の夫婦の姿が垣間見えるものなのですね。

word

35

誰かに必要とされる
人間であれ。

——エマーソン（米国の思想家）

“Make yourself necessary to somebody.”

Ralph Waldo Emerson ★ 1803-1882。思想家、哲学者、詩人。牧師でありながら、自由信仰のため教会を追われて渡欧。超越主義哲学を打ち出し、のちの思想家たちに大きな影響を与えた。

自分は誰かに必要とされているだろうか？　と考えた場合、あなたはその答えを導き出すことができますか？

家族のいる人であれば、子どもやパートナーから必要とされているから、答えはYESでしょう。でも、お一人様だったら、「さあ、どうなんだろう……」というぼんやりしたものかもしれません。

「必要とされる」という言葉にも、さまざまな捉え方があり、別の言葉に置き換えて「期待される」や「役に立つ」と捉えることもできます。

言葉の捉え方は、あなたの心にどう響いたかであり、正しい、間違い、はありません。私はこの言葉を「あなたの存在が、誰かの手助けになるような、そんな人でありなさい」というように解釈しています。

「誰かに必要とされる人」とは、どんな人でしょうか？　たとえば、

・相手を自分と同じ、自分以上に大切に考えることができる人。
・相手をいつも尊重できる人。
・年齢、性別、豊かさなどで区別しない人。

・モラルや社会倫理の概念をしっかり持っている人。
・人間関係に損得勘定をつけない人。
・人、動物、植物などの生き物に愛情深い人。
・素直に表現できなくても、思いやりがあり優しい人。
・人に親切にすることを心掛けている人。

ほかにも、信頼されている人、愛情深い人、器の大きな人、視野が広く考察力のある人、正しい・間違いを端的に述べる人、へつらわない人、努力する人、継続力のある人などがあげられます。

もしあなたが、「私なんて誰にも必要とされていない」「どうせ私なんて、いてもいなくても同じ」というように、自分の存在理由や存在価値を否定しているとしたら、右のリストのなかから自分に当てはまっているものをチェックしてみましょう。必ず当てはまるものがあるはずです。

この世のなかに、存在する必要のない人なんて一人もいません。あなたの存在は、必ず誰かの心の支えになっています。言葉や手紙などの見える形で届かないだけに、あなたは勘違いしているのですね。
右のリストに該当する項目を増やしていくことで、自分を不安にさせる勘違いは消えていきますよ。

★誰かをあてに生きる人にはならない

エマーソンの言葉には、もうひとつ大切なこととして、「誰かを必要とばかりする人、いつも誰かをあてに生きているような人にならないように」というメッセージも含まれています。

誰かを必要とばかりする人、誰かをあてに生きている人とは、自分一人では何もできない、いつも誰かが側《そば》にいないと生きられない、自分の足でしっかり地に立つのではなく、誰かにもたれかかってしか立てない人です。また、人生を効率よく歩むために使えそうな人をはじき出し、消耗品感覚で利用しながら世渡りしていく人です。

誰かを必要とする人ではなく、誰かに必要とされる人、今日、明日でなれるものではないからこそ、そんな人になれる自分を丁寧に育てていきましょうね！

word

36

最高の友は、
私のなかから最高の私を
引き出してくれる人である。

——ヘンリー・フォード（フォード・モーター創業者）

“ My best friend is the one
who brings out the best in me. ”

Henry Ford ☆ 1863-1947。自動車を大量生産する工程を取り入れて、自動車を大衆のものに育て上げ、ビッグスリーのひとつであるフォード・モーターを築いた。「世界の自動車王」と呼ばれる。

友達を持つ、友情を育むとは、簡単なようで難しいことですよね。自分の友達は誰なのか、あの人は友達？　それとも単なる知り合い？「友達」の定義がはっきりしないだけに、混乱している人も多いのではないでしょうか。

また、友達が少ない、友達がいないと言って、いつも一人で過ごしている人もいらっしゃるでしょう。決して性格が悪いとか、人見知りするわけでもないのに、何でも話せる信頼できる友達がいない人も、意外と多いものです。

これは決して悪いことでも、恥ずかしいことでも何でもありません。まだそんな友達に巡り会っていないだけのことなのです。自分を卑下したり、焦ることは何ひとつありません。


学生時代や社会人になって間もない頃は、共通の話題や共感できることが多いものですが、女性は結婚や出産による環境の変化が、友達関係にも大きく影響を及ぼします。ずっと友達だと思っていたのに、年々共通の話題が減り、共感できることが少なくなってしまった。会っても話す話題が見つからない。でも、あの人を失うと、友達がいなくなってしまう……。そんな複雑な心境に包まれることがあるでしょう。

友達は、環境の変化で入れ替わるものです。たとえ今疎遠になったとしても、30年後の同窓会で、また意気投合し共通点をたくさん見つけ、今まで以上の友情で結ばれることもあります。今合わない人に、ストレスを感じながら無理して合わせる必要はありません。一緒に行動するだけの友達なら、一人で行動するほうがよほど楽しく、自分の時間を大切にすることにつながります。

「一人でいるのがつらい」と嘆く人もいますが、その理由は、一人が怖いのではなく、「一人でいる人」と周囲から見られることが怖いのですよね。周囲の視線を意識してしまう、だからいつもどこかに属し群れていないと、不安に感じてしまうのです。

★心のつながりは永遠に消えない

友達は、年齢や環境の変化とともに必ず変わります。学生時代は、クラブやサークルなどで友達と呼べる人が何十人もいたけれど、社会人になった途端に連絡が途絶え始めた。誰からも誘われない日々に落ち込んでいる。これが環境の変化です。

友人たちは、新しい社会で新しい友人関係を築き、新しいことに興味を持ち日々成長しています。学生時代の友人関係から、大人の友人関係にステップアップしたのですね。学生時代のいつもベッタリ一緒から成長しただけのことで、心のつながりは消えずに残っています。友達の形が変わっただけのことなのです。

本当の大切な友というのは、フィジカルなつながりではなく、心のつながりです。

あなたという人を深く理解してくれている人です。自信のないあなたに自信を持つことを気づかせ、失敗を悔やみ続けるあなたに、失敗は財産だと教えてくれる。落ち込んで立ち上がれないあなたに立ち上がる勇気を与え、いつまでも愚痴や不満を言い続けるあなたに、甘えるのはそこまでだと叱ってくれる。そんな人が最高の友です。

そして、あなたのなかからあなたの最高を引き出してくれる人です。あなたが自分で気づいていない、あなたの長所や能力を見つけてくれる人。あなたの可能性を信じてくれる人。夢や目標に向けてがんばるあなたをいつも遠くから見守り応援してくれている人です。

お互いのがんばりや成功を心のなかで喜び合う関係。そんな人が、あなたにとっての最高の友なのですよね。

word

37

春《しゅん》風《ぷう》接《せつ》人《じん》
秋《しゅう》霜《そう》自《じ》粛《しゅく》

——孔子（中国の思想家）

孔子★紀元前552-紀元前479。中国、春秋時代の学者、思想家で、儒家の始祖。孔子と弟子たちの語録をまとめた『論語』は世界中に大きな影響を与え、古代日本では律令政治の基礎となった。

日本とニューヨークを行き来する生活のなかで一度は実現させたい、最高にハッピーな年末年始の過ごし方。それは、クリスマスを華やかに過ごし、ニューイヤーズイブのパーティーで盛大にカウントダウンしながら新年をニューヨークで迎える。そして元旦の朝、用意していたトランクとともにJFK国際空港から、日本に向けて飛び立つ。空の上で見る初夢から目覚めた頃、日本に到着し、日本のお正月をたっぷり楽しむ。七草粥《ななくさがゆ》でおなかを整え、ニューヨークに舞い戻る。これが、私の考える最高にハッピーなスケジュールです。

そんなドリームプランを考えながら、年明け早々の通常業務を終えた私は、極寒のニューヨークを歩いて帰宅していました。「そうだ、今夜はお餅を焼いてみよう」と、途中で小さな楽しみを思いつき、ソーホーにある日系スーパーマーケットに立ち寄り食材を買って帰りました。

早速オーブントースターでお餅を焼き、のり巻きにして食べていると、「コンコン」と誰かがドアをノックする音が聞こえてきました。この謙虚なノックのしかたは、隣の部屋のジュリアです。扉を開ける前に玄関の覗《のぞ》き穴から見てみると、穴の向こうから私を見つけたジュリアが手を振っていました。

相手からもなかが見える大きな覗き穴って、どう考えても間違ったデザインだと常々感じながらも、アメリカは何でもビッグなのだろうと理解することにし、「ハッピーニューイヤー！」と扉を開けました。

すると、ジュリアも同じように挨拶をし、1通の誤配の封書を私に差し出しながらこう言いました。「なんだか重要そうな手紙だから、手渡ししたほうがいいと思って」。私はその厚みを見ただけで、誰からの手紙かすぐにわかりました。「わあ、お父さんからの手紙だ。ジュリアありがとう」。そう言って、のり巻きのお餅の試食を勧めると、ジュリアはうれしそうに頬張りながら帰っていきました。

★笑顔は世界共通語

節目ごとに届く父からの手紙には、父から子にではなく、人生を先に歩む人からの教えがたくさん詰まっています。手紙にはこう書かれていました。

「人に会う時は、春風接人ですぞ。笑顔を決して忘れてはいけません」

慌しい日常のなかで余裕がない時や、何もかもがうまくいってうぬぼれている時などは、傲慢になり、笑顔や謙虚さを忘れ、人への優しさを忘れてしまう人もいます。そんな人には絶対にならないように「春風接人」を常に心に留めておくようにと、節目ごとにこの言葉を書き記してくれます。

「春風接人　秋霜自粛」の意味は、「春風のような優しさで人に接し、秋の霜のごとく厳しく自らの行動を正（粛《ただ》）すこと」です。

私はニューヨークで、誰に対しても、どんな時でも笑顔を忘れず、優しく温かく接することを一番大切にしています。そんななか、気づいたのは、「笑顔は世界共通語」であることです。言葉が通じない人とも心を通わせることができる、魔法のコミュニケーションツールなのです。

印象が決まる出会いの一瞬、そこにニコッとした笑顔があるかどうかで、その先が180度変わります。笑顔は心のゆとりの表れであり、あなたを受け入れていますというサインです。いつも笑顔の優しい人であり、厳しく自らの行動を正せる人、これこそが凛《りん》とした美しい女性ですよね！

word

38

あなたのあらゆる言動を
褒める人は信頼するに値しない。
間違いを指摘してくれる人こそ
信頼できる。

――ソクラテス（古代ギリシャの哲学者）

“ Think not those faithful who praise
thy words and actions but
those who kindly reprove thy faults. ”

Socrates ★ 紀元前469-紀元前399。賢者たちに「無知の知」を指摘。アテナイで若者たちに生きる意味を見出す問答を繰り返すも、晩年、裁判にかけられ死刑を言い渡される。

美しい秋を一緒に楽しもうと、友人のリリーが彼女のカントリーハウスに誘ってくれました。コミュニティーには、テニスコート、ゴルフコース、ハイキングコースがあり、少し車を走らせると、山頂にある素敵なホテルで、優雅なひと時を楽しむことができます。マンハッタンからの週末エスケープ旅行にぴったりの、願ってもないお誘いに、2つ返事でOKしました。

車で約2時間の道中、必ず停まるのがホットドックのお店です。ニューヨークで生まれたホットドックは、「ニューヨーク名物」のひとつです。

カリッと焼いたり蒸したりしたソーセージに、キャベツの千切りを炒めたもの、キュウリのピクルスのみじん切り、玉ねぎのみじん切りを蒸したものなどをのせます。お店によってはとろけるチーズがのっていたり、小腹が減った時の食べものとして人気です。

その日も、いつものようにホットドック屋さんの駐車場に車を停め、店内に入り、ホットドックを注文して運ばれてくるのを待っていました。

するとリリーが「エリカ、口だけで一向に行動しない人は、切らないとダメだよ」

と厳しい口調で言いました。

美味《おい》しいホットドックをワクワクしながら待っている今、どうして、そんなことを言うのだろうと、私はカチンときました。リリーは、一向に前に進まない私のプロジェクトのことを言ったのです。

私が雇った人が、いつも言い訳ばかりで言動が一致していないことを以前リリーに話したことがありました。弁護士という仕事柄、スパッとした判断に長《た》けている彼女は大好きでしたが、もっと深く話を聞こうともせず結論を宣告されたようで、私の楽しい気分は吹っ飛んでしまいました。

★相手の言葉に腹が立つ本当の理由とは？

「もう一度白紙に戻してやり直せばいいじゃない」そう言いながら、ホットドックをかじるリリー。「じゃあ、この半年はなかったことにすればいいってこと？」「そのとおり。信頼に応えない人を抱えていると、もっと大きなダメージを受けることになるよ」と、彼女は冷たく言い放ちました。

美味しいホットドックを前に、食欲がなくなった私は無言になり、ホットドックを残して外に出ました。

外で新鮮な風に当たりながら、彼女の言っていることは正しいとわかっているから怒っている自分に気づきました。痛いところを突かれ、一番聞きたくない言葉を言われたことに傷つき怒ったのです。

しばらくしてリリーがお店から出てきました。何事もなかったかのように「さあ行こう！」と言って車に乗り込みました。

私たちは二度とこの話を引っ張り出すことなく、日曜日の夜にマンハッタンに戻りました。

私は旅行中ずっとリリーの言葉を考えていました。そして、彼女が旅行に誘ったのは、この言葉を伝えるためであり、私に考えさせるためだったのだと気づきました。彼女は、小旅行から戻って仕事に取り掛かる月曜日の朝、私が何を一番最初にすべきかに気づかせてくれたのです。

それは、言い訳ばかりで行動しない人を信じ続けるのをやめるということでした。

★聞きたくない言葉のなかに隠された貴重なメッセージ

間違いを鋭く指摘してくれる人。手遅れにならないように、タイムリーに教えてくれる人。こんな人こそが、かけがえのない人なのですよね。その人と信頼関係で結ばれているのなら、ひどい言葉の裏には、あふれるほどの愛情があります。

どうなっても自業自得、痛い目にあって学んだほうがいいと知らん顔をすることもあれば、それに気づかせてくれることもあります。

目の前の解決すべき出来事を避けて通り、直視したくないことに直面することは、誰にでもあるものですよね。しかし、私たちが知っているとおり、避け続けることは状況を悪化させるだけです。

「早期発見、早期解決」がどんな時でも重要なことはわかっているけれど、それができない。そんな時に、自分の足で一歩前に動く力を与えてくれるのが、こんなかけがえのない人の厳しい指摘なのです。

何を言っても「わ〜、すごい、すごい！」と褒めてばかりの人。「あなたなら、絶対できるわよ！」といつもポジティブな言葉を発する人。もちろん、そう言ってくれる人も大切です。あなたの可能性を信じ、応援してくれているのですから。

しかし、自分のことのように本当に深く考えてくれる人というのは、必ず厳しい忠告を添えてくれます。それをどう理解するかは、あなた次第です。あなたが聡明《そうめい》な人ならば、その人の真意に気づき、そうでなければ、なんて冷たい意地悪な人なのかで終わってしまいます。

私はニューヨークでたくさんの人に出会い、自分にとって大切な人として友情を育んでいるのは、手厳しいことを言ってくれる人です。

そんな経験のなかから学んだのは、自分が聞きたくない言葉のなかに、貴重なメッセージがあることです。それを受け取るためには、たとえその時傷つき落ち込んだとしても、その言葉をねじ曲げて考えたりせず、素直な心でじっくり考えてみること。

それが大切なのです。

word

39

コミュニケーションで
最も大事なことは、
言葉にされないことに
耳を傾けることだ。

——ピーター・ドラッカー（経営学者）

“ The most important thing in communication is hearing what isn't said. ”

Peter Ferdinand Drucker ★ 1909-2005。ユダヤ系オーストリア人。現代経営学、マネージメントを生み出し、多くの著書を刊行。日本でもドラッカーブームが起こるなど、広く知られている。

職場や日常生活、カップルのコミュニケーションで大事なことは、言葉にされない部分に耳を傾けることです。これは、言葉にされない「本音」の部分を聞くということにつながります。

たとえば夫婦のコミュニケーション、いつも帰りが遅い夫を待っている妻は、話したいことがたくさんあるかもしれません。また、「遅くまで待っていてくれてありがとう」という感謝のひと言も、心のなかで待っていることでしょう。しかし、疲れて帰ってきた夫を労《いたわ》りたい気持ちが強く、グッと我慢しているかもしれません。

言葉にはならない本音の部分に耳を傾けることができたら、夫から妻へねぎらいの言葉をかけたり、妻の聞き役に徹することもできますね。妻は、夫の優しい愛情を感じ、幸せな気持ちに包まれます。

カップルのコミュニケーションは、このようにお互い言葉にされない部分に耳を傾け合うことが大切です。

もちろん一番大切なのは、常に言葉で伝えることです。

「愛している」

「大切に思っている」

「ありがとう」

これらは相手の耳から入り心に響くように、どんどん言葉で発して伝えていきましょうね。

★相手の本音を引き出せる人になる

職場のコミュニケーションでも、相手を理解するうえで大切なのが、言葉にならない本音に耳を傾けることです。年功序列や職責が邪魔をして本音が言えないこともあるでしょう。仕事に必要な意見であっても、つい自分の立場を意識し、黙ってしまうことがあるのではないでしょうか。また、自分の意見がどう評価されるかが怖くて本音を隠してしまうこともあるでしょう。

もし、あなたの上司があなたの本音を引き出してくれる人ならば、あなたはいつも仕事に前向きでいられますよね。自分を理解してくれる人、自分の能力を引っ張り出してくれる人との仕事というのは、いい成果に必ず結びつきます。

・相手の本音を引き出す。
・相手が自分で気づいていない本音を引き出す。

リーダー的立場にいる人は、この2つを意識することでチーム全体をいい空気で包み、いい仕事へと導いていくことができます。聞こえてくることだけしか聞こうとしない姿勢では、いいコミュニケーションははかれません。

日本には、美しい謙遜の文化があります。思っていることをストレートには言わないことが美徳のひとつとされています。また、相手を気遣い、あえて言葉にしないこともあります。この美しい文化のなかで、言葉にされない部分に耳を傾けることは、日本人が昔から自然におこない、大切にしてきたことでもありますよね。

時代の流れとともに文化・風習が変わっても、この美しい日本文化としての部分は永遠に生き続けてほしいものです。

word
40

ひとつの笑顔から
友情が始まる。
ひとつの言葉で
争いが終わる。
ひとつの視線で
関係性を保てる。
一人の存在が
あなたの人生を変える。

——作者不明

“one smile can start a friendship;
one word can end a fight;
one look can save a relationship;
and one person can change your life.”

私がニューヨークで出会い、友人関係を築いた人々との始まりは、この言葉のとおり「笑顔」からでした。言葉などいらない、世界共通語は「笑顔」だと実感するほど、すべての始まりは「笑顔」です。

ちょっとした言い争いをしてしまった時、「相手が謝るまで、謝るものか」と頑固になったりせず、自分から「ごめんね」と歩み寄るのはスマートなことです。大切な人を大切にするというのは、こんなことも含まれます。

また、年月の経過とともに相手への興味が薄れ、目の前にいる人が透明人間になってしまった……。そう気づいたら、恋をしていた頃のように相手の存在を意識し、瞳を見つめることを大切にしてみましょう。

運命のパートナーのみならず、あなたの人生に素晴らしい影響を与えてくれた人は、尊い存在ですよね。

いい関係を築くのに大切なのは、「たったひとつ」のことです。

Saks Fifth Avenue

Chapter 6

私がニューヨークで学んだ大切な言葉

ニューヨークで暮らし、気づいた大切なこと、それは数えきれないほどたくさんあります。そのなかでも、常に忘れないように心がけている「私の言葉」をご紹介します。

word

41

反省する時は、
自分の大好きなことをしながら、
あるいは、美《お》味《い》しいものを
食べながらすると、
すごく前向きになれる。

——エリカ

“If you do something you enjoy or eat delicious food while reflecting on something, you are able to become more forward-thinking.”

その日、オフィスでハッと気づいたら、もう深夜12時を過ぎていました。仕事で気を張り続けていたので、自宅に戻る前に、ほっとひと息スイーツタイムを楽しもうと、平日は深夜2時まで営業しているアッパーウエストサイドにある「カフェラロ（Cafe Lalo）」に寄り道することにしました。

ここは、トム・ハンクスとメグ・ライアン主演のラブコメディー「ユー・ガット・メール」の舞台でもあり、観光客とローカルな人々で常に賑《にぎ》わっています。夏の夕刻にはライブ演奏を楽しめたり、世界の国の名前がついたユニークな朝食メニューがあったり、朝から真夜中まで客の途絶えないヨーロッパ風の可愛《かわい》いレストランです。

私はマディソンアベニューからタクシーに飛び乗り、10分少々でカフェラロに到着しました。大きな窓から見える店内は、真夜中のひと時を楽しむ人たちでほどよく混んでいました。

窓際の席に座り何気なく周囲を見回すと、奥のコーナーテーブルに友人のナタリーが、神妙な顔つきでチーズケーキを食べていました。ナタリーも仕事帰り、もしくは夜のお出かけ帰りのスイーツタイムなのかなと思い、私は自分の席から手を振りました。お互いの時間や空間を尊重することを大切にしているニューヨークの人は、近寄って大声で挨拶するというよりも、離れた場所から「ハイ！」と静かに軽く手を振る程度です。一人で考え事をしたい時などに、真横に座られ話しかけられるのは、苦痛でもありますよね。

私は、神妙な雰囲気の彼女にあえて近寄らず、スイーツとグラスワインをオーダーしました。ライトアップされた歩道の木がキラキラと輝く様子を眺めていると、ナタリーがやってきました。

「エリカ、一緒に座ってもいい？」「もちろんよ。どうぞ座って」と、向かいの席を勧めると、ナタリーは席の移動をウエイトレスさんに告げ、しばらくするとナタリーの食べかけのチーズケーキとワインが運ばれてきました。何か悩み事がある雰囲気ですが、本人が切り出さない限り触れないのがニューヨーク流社交術です。トーンを下げた声で静かに関係のない話をしていると、「実はね、今日大失敗をしちゃったのよ」とナタリーが言いました。そして、それ以上は語りませんでした。

偶然会った私に、「聞き役を見つけた！」とばかりに胸の内を吐き出すのではない彼女に「大人の女の美しさ」を感じました。長い一日を終え、一人時間を堪能《たんのう》している私を尊重してくれたのです。その気配りに心のどこかで感謝しながら、運ばれてきたワイングラスを持ち上げて、偶然の出会いに乾杯しました。

★失敗した時はポジティブに反省を

ナタリーは大好きなチーズケーキとワインで「反省」をしていたようでした。私はその様子を見ながら、これは何ともポジティブな「反省の仕方」だと気づいたのです。大失敗した時というのは、誰でも気持ちがふさぎ不安と後悔に包まれ、自分を責める思考で固まってしまうものです。しかし、失敗に必要なのは「反省」です。失敗の原因を探り、次に生かす決意をする。そうすることで人は成長します。

そんな前向きでポジティブな思考を引っ張り出す「反省」は、自分の大好きなもの、美味しいものを食べながらがいいのですね。暗い部屋の片隅にポツンと正座し、内にこもる「反省」よりも、すぐに立ち直り、次につなげる元気を与えてくれます。

ポジティブで前向きな「反省」は、幸せの空間で幸せな食材とともに！

word

42

いい音楽は、
耳で聴くのではなく心で聴く。
美しいものは、
目で見るのではなく心で視《み》る。
その人の優しさは、
頭で考えるのではなく心で捉える。

——エリカ

“Good music, listen with your heart instead of listening with your ears. Beautiful things, see them with your heart instead of looking at them with your eyes. Kindness of other people, capture it in your mind rather than think about it in your head.”

慌ただしい日常のなかで、我を忘れることってありますよね。限られた時間のなかでたくさんのことをこなさなければならない毎日。たとえば、あと30分で家族全員のお弁当を用意しなければならない。あと5分で洗濯物を干して出かけなければならない。また、絶対に乗らねばならない特急列車まであと2分しかないと、駅の階段をダッシュで駆け上がることもあるでしょう。

時間に追われ、なすべき事に追われ、息つく暇もなく一日が終わっていく。今日はどんな日だったかと思い出して浮かぶのは「忙しかった」ということだけ。そんな日もあるのではないでしょうか。

責任感が人一倍強いと、必ず成し遂げようと思う気持ちが強くなり、自ら忙殺スケジュールを組んでしまうことがあります。予定どおり成し遂げた時の達成感は大きいものの、やるべきことに集中し過ぎると、周囲をシャットアウトする体制に陥ります。そして、それは「心の扉」を閉ざした状態を招いてしまいます。

12月のある夜、私は時間に追われながら仕事を終え、急ぎ足で5番街を歩いていました。友人のヴェナが招待してくれたソーシャルクラブでのパーティーに出席するためです。遅れることはヴェナに伝えてあるものの、1時間も遅れていることを気重に感じながら必死で歩いていました。すると、どこからともなくトランペットの音が聞こえてきました。「早く行かなきゃ」と焦っていた私には、最初、大都会マンハッタンの喧騒《けんそう》と混じり合ったBGMにしか聞こえませんでしたが、その音に近づくにつれ、美しい音に魅了されていきました。気がつけば、通りを行きかう人々をかき分けながら、私は無意識のうちに演奏者の姿を探していました。

彼は53丁目の角にあるゴシック建築が美しい聖トーマス教会の奥まった階段に立ち、トランペットを吹いていました。哀愁をおびた音色と、マンホールから噴き出す白い湯気が、何とも幻想的で、言葉にできない美しさでした。私は急いでいることをすっかり忘れて、その曲が終わるまでずっと街角で彼の演奏を聴いていました。

夜の街に響くトランペットを聴きながら、今朝から今晩のパーティーに遅れないために、息つく暇もなく、目先のことを終えるのに必死で、今日誰にすれ違いどんな会話を交わしたか、はっきり思い出せないことに気づきました。私はこの瞬間まで「心の扉」を閉ざし、周囲をシャットアウトしていたのです。

★心で感じる

ＢＧＭでしかなかった音楽が、いつしか自分の心を揺さぶり涙が流れるほどの美しい音色となって響くのは、それを受け入れる「心の扉」が開かれているからなのですね。また、目に見える光景だけでなく、目には見えない空気や雰囲気までもが視えるような感動を与えてくれるのは、あなたの「心の扉」が開かれているからです。

目先のことに必死で、心をオープンにする余裕を失い、「心の扉」を閉ざしていたら、誰かの優しさを心で受け止めることもできません。たとえば、鞄《かばん》に入れたつもりのお財布を道に落としたことに気づかず歩いているあなたに、「落としましたよ」と駆け寄ってくれた人がいたとします。「心の扉」を閉ざしていると、あなたは「どうも」のひと言で立ち去ってしまうかもしれませんが、「心の扉」を開いていれば、それがどれほど感謝すべきことであったかに気づき、心からお礼を述べられるものです。

慌ただしい日常でも、心で感じることを大切にしましょう。余裕がないからと心を閉ざしたりせず「心の扉」をいつも開いておきましょうね。

word

43

まだ人生を
一緒に歩んでいない人を、
自分の人生の
ど真んなかに置かない。

――エリカ

“Don't place a man who you like very much
in the center of your life before
you know he feels the same way about you.”

ニューヨークの恋する乙女たちが大切にしていることは、恋人ができた時こそ自分のライフスタイルを確立させることです。彼のために時間を空けるのではなく、自分のために新しい習い事を始めてみたり、今まで続けているお稽古の回数を増やしたり、自分のスケジュールを彼に合わせて大きく変えないことです。

女性は、好きな人、愛する人といつも一緒にいたい。だから私の時間すべてをその人に捧げるといった体制を取りがちです。彼といつも一緒にいるために、ずっと続けている習い事をやめ、友人からの誘いを断わり、自分のライフスタイルを一変する女性が多いのです。

ここで注目すべきことは、彼のために空けた時間が本当に二人で過ごす時間になるかどうかはわからないのに、そうしてしまうということです。

たとえば、待ちに待った大型連休に突入したものの、彼は一体いつデートするつもりなのかわからない。早く予定を決めてくれないと、私の予定が入れられない。早く会える日を知らせてほしい。

このように、連休のすべてを空けたまま、彼からの連絡を待ったことはありませんか？　これは、週末にも当てはまります。すでに土曜日の午後なのに、今夜？　もしくは明日の日曜日にデートの誘いがあるのではないかと、自分の予定を入れずに、どこにも行かずに、ただひたすら彼からの連絡を待ち続ける。

女性は、このように好きな人を「自分の人生のど真んなか」に置きがちですが、これは一番ダメです。彼中心のライフスタイルは、彼が主導権を握った形になり、あなたは必ずストレスに包まれます。そして、いつも不安に感じたり、イライラしたり、本来の自分らしさを失うことにつながってしまいます。

★恋に落ちた時こそ自分時間を持つ

そうならないために大切なのは、自分の予定やライフスタイルを優先させることです。そして、自分の空いている時間に彼とのデートを入れましょう。約束もしていない彼のために時間を空けたり、彼からの連絡を延々と待つことはやめましょう。**彼と出会う前のライフスタイルは変えずに維持しましょう。**これが、ストレスのない幸せな日々につながります。

恋に落ちた時こそ、自分の時間をしっかり設けるニューヨークの女性たちは、恋にストレスを感じない方法を知っています。それは、私生活を充実させることです。

たとえば、今週土曜日にデートがあるかどうかわからない。彼に聞いたら、「連絡するから」と言ったっきり連絡がない。土曜日はもう明日。あなたは、イライラしながら、携帯を握りしめている。彼からの明日ＯＫの返事があれば、ハッピーな土曜日になり、何の返事もなければ気重な土曜日となってしまう。そして土曜日、彼からの連絡はまだない。もしかしたら日中に連絡が入るかもしれないと、トイレに行く時でさえ携帯を握りしめ、予定を空けたまま電話を待ち続ける。とうとう土曜日の夜中になっても、翌日の日曜日にも「ごめん」のひと言もなかった。

冷静に考えると、彼はあなたとの約束を破ったのです。しかし、あなたのなかでは、彼を保護したい気持ちが大きいので、きっと、連絡できない事情があったのだろうと寛大に受け止めるのではないでしょうか。

このような出来事は、繰り返されます。なぜなら、約束どおりあなたに連絡することは、彼の優先事項に含まれていないからです。「会えない」という連絡は1分もあればできることですよね。彼は、あなたが連絡を待っているのを知りながら、そのたった1分さえ、あなたのために費やそうとしませんでした。

あなたは、彼を自分の人生のど真んなかに置いていますが、彼はあなたを人生の中心に置いていないどころか、優先すべき人とも位置づけていません。あなたはこの事実を心のどこかで感じながら、認めるのが怖くて目を背けていませんか？


この繰り返しを防ぐ方法はただひとつです。それは、**自分のルールを決めること**です。たとえば、3日前までに約束しないとデートはしない。「今晩空いている？」と突然誘われても、答えは「ＮＯ」です。「空いているよ。何時に会える？」と答えないことです。いつでもスタンバイＯＫの女になってはダメです。連絡すると言ったのに連絡してこなかった事実を、うやむやにしてはいけません。つらくても、これが彼の一面であることをしっかり理解し、彼が好きだからという理由でもみ消したりしないことです。

まだ始まったばかりの関係で、あなたを落胆させ傷つける彼が、将来あなたを幸せにしてくれる、安心させてくれる可能性は低いのです。

★女性の本当の幸せとは？

恋に落ち、彼のことを考えると胸がときめく。これは素晴らしいことですよね。しかし、心を奪われても、頭は冷静さを失ってはいけません。これは、自分の幸せのためにです。女性の幸せは、相手に大切に扱われることです。愛されるということは、相手に大切にされることなのです。

いつも彼の顔色をうかがい怯《おび》えながら関係を続けるのではなく、あなたらしく振る舞うことができ、そんなあなたを大切に愛してくれる。これが女性の幸せです。

自分を大切に扱ってくれているかどうか、この部分に疑問を感じながら、目を背けると、のちのち自分が傷つくことになります。恋愛で傷つかないために、自分を大切にしてくれる人を選ぶのはもちろんですが、どんなに恋に溺れても、それを見極める冷静さを持っておくことが一番大切なのです。

word

44

自分の小さな優しさが
自分を幸せにする。

——エリカ

“Showing a little tenderness
will make you very happy.”

カリフォルニアからやってきた人は、ニューヨークの人は冷たいと感じるようです。視線が合えばニッコリ微笑《ほほえ》み、フレンドリーに言葉を交わすカリフォルニアの雰囲気とは違い、ニューヨークは、人とは視線を合わせず自分のことに集中している人が多いからなのかもしれません。確かに私もカリフォルニア旅行からニューヨークに戻った時、その意味を肌で感じることがあります。他人と関わりたくないというよりも、自分のことに集中したいという意識がニューヨークの人には強いように感じます。

しかし、これは決してニューヨークの人が不親切というわけではありません。どちらかといえば、何も飾ることなく親切がサラッとできる人が多いのです。

そんな街に10年以上住んでいる私も、とびきり親切な人に成長しました。重そうなショッピングカートを転がしながら、一段一段慎重に階段を下りている年配の女性に「お手伝いしますね」と言って、ショッピングカートを受け取ったものの、重すぎて右往左往……。するど、どこからともなくやってきた青年が、「僕が持ってあげるよ」と言って、階段の下まで楽々運んでくれました。私はほとんど役に立てなかったものの、「どうもありがとう!」とお礼を言われ、私は私を助けてくれた青年に「ありがとう」とお礼を言う。そんな「ありがとう」の飛び交う場面に幸せを感じます。

このような経験を重ねるなかで気づいたのは、「自分が役に立つかどうか、先のことを考える前にまず行動！」ということです。自分が役に立たなければ、役に立ちそうな人を見つけてあげればいいのですね。そんなシンプルな法則に気づかせてくれたのが、ニューヨークという街です。

★愛は与えることに意味がある

親切は経験を重ねることで自然とできるようになりますが、親切にする・されることに慣れていないと、戸惑ってしまうものです。

たとえば、電車に座っていたら高齢の人が乗ってきた。誰も席を譲る気配がないので、自分の席を譲ってあげたいと思いながらも妙な気恥ずかしさが邪魔をして、心に留めただけで終わってしまった。そして、一日中、どうして席を譲らなかったんだろう、どうして行動に移すことができなかったんだろうと、いつまでも心に引っかかったまま過ごす。そんな経験はありませんか？

「拒絶されたら嫌だな」

もし、こんな不安が、頭をぐるぐる駆け巡った場合は、行動する前から未来をネガティブに予測して、不安に思うのはやめましょう。

愛情を惜しみなく、誰にでも与えることができるのは、本当に素敵なことです。小さくても誰かのお役に立て、その人の笑顔が自分を幸せにしてくれる。あなたがその人に捧《ささ》げた無償の愛は、何倍にも大きくなって自分に跳ね返ってきます。


ニューヨークで、電車の席を譲ってもらえるのは、高齢者、体の不自由な人、妊婦さん、赤ちゃん連れだけでなく、なんとキラッと輝いている美しい人や、好みの女性だったりします。車内で愛を惜しみなく与える姿は爽やかでいいものです。

「どうぞ座ってください」と声をかけたものの「結構です！」とキッパリ断わられることもあります。しかし、彼らのなかでは、まぎれもなく「愛は、与えることに意味がある」のであって、受け入れられるかどうかまでは、先読みしません。

断わられても、優しさを行動で示したことが最高にハッピーなのです。なぜなら、自分の小さな優しさは、自分を幸せにしてくれるからなのですよね。

word 45

職場で仕事に
従事している時は、
個人的感情を持ち出さず、
プロフェッショナルに徹する。
合う、合わないという
「相性」など持ち出さない。

——エリカ

“When you are engaged in work at your workplace,
do not bring out your personal feelings.
Just be devoted to your professional duties.
At work, do not think about whether
you are compatible with your boss and co-workers.”

能力主義のアメリカでは、キャリアを積んでいくことが、いわゆる日本の「出世」にあたります。転職しながら積んでいくキャリアは、まるで階段を一歩・歩上がっていくイメージです。キャリアアップの新しい職場では、自分の能力を最大限に発揮し、評価され、次の段階に上がる切符を自分の努力で手にする。誰もが自分が職場に存在する理由を明確に理解しています。

職場の人間関係においては、とくにニューヨークは多民族大都市ですから、日本以上に「合う・合わない」が発生しやすい環境にあります。自分とは全く違う基準を持ち合わせた人たちの集合体だからです。

そのようななかにあっても、人々はお互いの違いを尊重し、プロフェッショナルに徹することを大切にしています。個人的感情は持ち出さないということですね。

職場の人間関係に悩みを抱いている人は、日本にもたくさんいらっしゃるのではないでしょうか。職場で「合わない人」とどうつき合うか。「合わない人」がいると、それだけで振り回されてしまいがちですが、一番優先して考えるべきことは、「なぜあなたはそこ（職場）にいるのか」です。

毎日職場に行くのは、その「合わない人」とうまく人間関係を構築するためではありません。「働くため」であり、あなたが採用されたのも「働くため」です。

あなたは、「働くために職場に存在し、働くことで報酬を得る」。この原理原則をまずしっかり理解してください。

たとえば、あなたは自分の仕事が大好きなのに、上司と合わない。なんとか上司と関わりを持たないようにしている。上司以外の人は大好きで、合う人たちばかり。仕事はやめたくないけれど、合わない上司との関係が自分を悩ませているとします。

上司は、職場では「上司」です。合っても、合わなくても「上司」です。たとえ仕事のできない上司であっても「上司」であり、「合わない」からという理由で、「関わりたくない」と考えることは不適切です。会社組織に属し、会社から報酬を得ている以上、職場では、その合わない人は「上司」であり、部下は上司を尊重せねばなりません。これが社会のルールです。

★あなたが会社に存在する理由とは？

そこで大切なのは、「合わない人」に注力せず、「本来すべきこと（仕事）」に注力することです。職場の人間関係に、個人的感情を持ち出さない。たとえ、上司が「相性」を持ち出しあなたに接してきたとしても、自分はそれに巻き込まれない。自分がそこにいる（存在する）意味、すべきことに注力しましょう。

このように、自分のなかに強い芯《しん》をビシッと持つことが大切なのですね。

その会社で仕事を続けるのか、合わない人と関わりたくないからやめるのか。それはあなたの選択ですが、「合わない人」はどこにでもいることを忘れないでください。会社からお給料をもらっている以上、あなたは「プロ」なのです。職責は上司より低くとも、上司と同じ「プロ」であり、あなたが会社に存在する理由と、上司が会社に存在する理由も全く同じ、「お客様のため」なのですね。

そして、職場は「仲良しクラブ」ではありません。不仲・合わない人とでもチームを組み、「いい仕事をしよう！」と考えることこそが、プロの心意気です！

word

46

褒められたこと、
高い評価をもらったことは、
忘れないようにメモする。

——エリカ

“Make a note to yourself so you do not forget when you are given praise or high evaluations.”

私がニューヨーク暮らしで素敵だと感じたことのひとつが「褒める文化」です。女性たちの社交の場では、相手を褒めることから会話が始まります。恋人たちのデートでは「ドレスが似合っているよ」とか、「今夜の君は本当に美しい」などと必ず女性を褒めることを忘れません。

あらゆる場面で相手をさらっと褒めることに長《た》けたニューヨークの人は、いつも相手のキラキラッとした部分に注目し、それを素直に言葉にします。素敵ですよね。

4月のニューヨークは、まだ緑の季節には早いものの、私は初めて花粉症にかかりました。こすったまぶたが大きく腫れ、皮膚が象の足のようにガチガチになり、かかりつけの皮膚科に跳んで行きました。

その日私は、忍者シューズというニックネームのある足袋《たび》のようなデザインの、ナイキのランニングシューズ「リフト」を履いていました。私が長年愛用しているお気に入りですが、しばらく生産がストップし、店頭からは消えていました。

私を診察室に案内してくれた看護師さんは、私のシューズを見て、初めて見た個性的なデザインに驚き褒めちぎってくれました。自分のお気に入りを褒められるというのは、本当にうれしいものですね。私のまぶたはボロボロで腫れあがっていましたが、悲しい気持ちは吹っ飛び、幸せな気持ちに包まれました。

そこに扉を開けてドクターマイクが入ってきました。アメリカのお医者さんはフレンドリーです。あふれんばかりの笑顔で手を差し出しながら「Erica,nice to see you!」と握手をし、私のスニーカーを見つめ「Wow! It's so cool!」（ワオ！ カッコイイ！）と言いました。

そして「エリカ、そのスニーカーを履くとみんなから褒められることをメモしてる？」と聞かれたのです。ドクターマイクの奥さんは、**褒められたことを綴《つづ》るノートを持っていて、マイクが褒めたことを全部記録しているる**という夫婦の内輪話を教えてくれました。

★ワクワクがいっぱい詰まったノートをつくる

私は、大好きな言葉を綴るノートは持っていましたが、褒められたことや、高い評価をもらったことだけを綴るノートは持っていませんでした。帰り道、ドクターマイクとの会話を思い出しながら、「そうだ。私もそのノートをつくってみよう！」と思いつき、ステーショナリー屋さんでお気に入りのノートを買いました。

日常の小さな場面で褒められたこと。
似合っていると言われたもの。
ありがとうと言われた出来事。
仕事で「これはよくできた」と自分で思ったこと。
視線や雰囲気でGOODと感じたこと。

私はこれらのことを忘れないように書き綴ることを始めました。そのノートに書かれているのは、**悩み事や不平不満などのネガティブなことではなく、自分が幸せになった出来事ばかり**です。ノートを開けば「このドレスは褒められ率が高いから、今度もこれを着ていこう！」というように、ワクワクを高めてくれるノートでもあります。
ぜひ、あなたもお気に入りのノートに「褒め言葉・高い評価をもらったこと」を綴ってみてくださいね！　ノートを開けばいつもニッコリ微笑みたくなりますよ。

word

47

流した汗は、
嘘《うそ》をつかない。

――エリカ

“Every effort will surely be rewarded.”

夏のニューヨークの住宅街の街角で見かける「レモネードスタンド」。小さなテーブルに可愛いテーブルクロスを広げ、手づくりのポスターをぶら下げながら、そこに並べた手づくりレモネードやクッキーを、子どもたちが道行く人々に売っています。これは、慈善事業、お小遣い稼ぎ、また起業家への第一歩としての「経営ごっこ」でもあります。夏空の下で一生懸命声を張り上げ、買ってくれた人にお礼を言い、クッキーやレモネードにナプキンを添えて差し出す姿は、何ともたくましくポジティブなエネルギーに満ちています。子どもの頃からこうやって、汗を流しながら社会貢献やお金を稼ぐことを経験するのは、本当に素晴らしいですよね。

アメリカのことわざに「When life gives you lemons, make lemonade.」という言葉があります。直訳すると「レモン（不良品の意あり）を与えられたら、レモネードをつくれ」です。ことわざ的に訳すと、

「苦境にあっても、それを逆転させて前向きに生きろ」
「価値のないものから、価値あるものをつくれ」
「逆境にめげず、ベストを尽くせ」

「酸っぱくて食べられない、役に立たないレモンでも、美味しいレモネードがつくれる。あきらめて捨てたりするな」

というニュアンスでもあります。

★幸せを得るために必要なのは「自分を動かす力」

人生のなかで出会う、多くの困難。乗り越えるためにがんばっていても、一向に手ごたえや進捗が感じられないと、「こんな無駄なこと、やめてしまおうかな」とあきらめの境地にひたりそうになることは、誰にでもありますよね。人が遊んでいる時、休んでいる時、眠っている時に、自分はこんなに努力を続けているのに何も変わらない現実に見舞われると、大汗をかきながら努力を続けることをバカバカしく感じたり、無駄に感じたり、報われない自分を情けなく感じることもあるのではないでしょうか。

私もニューヨークの生活のなかで、たくさんの汗、冷や汗、涙の汗をかいてきました。言葉、文化風習の違う国に外国人として生きながら、ビジネスを支え、自分の生活を自分で支え、何もかも自己責任のもと、しっかり考え、決断を下しながら歩んでいく人生は、汗、汗、汗だらけです。
しかし、自分で自分を動かし、目標に近づくと、結果が見えてきます。動きたくないと座り込んでいては、人生は停滞するだけなのです。

人生、いかに楽しておお金を稼ぎながら幸せに生きていくかにフォーカスしている人もいらっしゃるでしょう。しかし、自分で汗をかかずして、自分の望む結果は絶対に得られません。幸せは、流した汗の結晶なのです。

つらいことを超えていく力は、それを超えていくことでしか養われません。それを避けていては一生その力を身につけることができないのです。そのために必要なのが、自分を動かす力なのですね。

自分に休むことを勧めるよりも、動くことを勧められる人になりましょう。酸っぱいレモンで美味しいレモネードがつくれる人になりましょう。

そして、そうなるために、汗をかくことを避けたりせず、流した汗は絶対に嘘をつかないと信じ、幸せな人生の行路を自分の足で元気に歩んでいきましょう！

Word21 『Manager 3.0: A Millennial's Guide to Rewriting the Rules of Management』(Brad Karsh、Courtney Templin)
Word22 『Hearts On Fire: Heart Speaks』(Joji Valli)
Word23 『Telling It Like It Is』(Paul Bowden)
Word24 『ELLE UK』2009 August Issue

4章　落ち込んだ時、自分を励ましてくれる言葉

Word25 『The 12 Secrets of Highly Creative Women: A Portable Life Coach for Creative Women』(Gail McMeekin)
Word26 『Happiness Unlimited: How to be happy-always!』(Manoj Arora)
Word27 『The Complete 101 Collection: What Every Leader Needs to Know』(John C. Maxwell)
Word28 『Just Because You Can Doesn't Mean You Should: Keys to a Successful Life』(Mike S. McConnell)
Word29 『American Journalism: History, Principles, Practices (W. David Sloan、Lisa Mullikin Parcell)
Word30 『Telling It Like It Is』(Paul Bowden)
Word31 『One Month to Happiness』(Mathew Hartley)
Word32 テレビドラマ「Sex and the City」Season 6 Episode 9

5章　しなやかな人間関係を育む言葉

Word33 『Business Wit & Wisdom』(Richard S. Zera)
Word34 『The Very Best of Friedrich Nietzsche: Quotes from a Great Thinker』(David Graham)
Word35 『It's Hard Being Human: Thoughts on the Journey from Suffering to Joy』(Angela Paul)
Word36 『Friendship: When it's easy and when it's not』(Kitty Chappell)
Word37 『黙してゆかむ：広田弘毅の生涯』(北川晃二)
Word38 『The Ten Commandments for Business Failure』(Donald R. Keough)
Word39 『Ride the Waves: How to take control of your life one emotion at a time』(Tracy Friesen)
Word40 『Ten Powerful Secrets To Leading a Much Happier and Fulfilled Life』(Sabiny Pierrevil)

※一部読みやすくするため、原文に修正を加えたものがあります。

本書で使用した言葉の引用元

1章　夢を叶えさせてくれる言葉

Word1　『Jim Rohn's 8 Best Success Lessons』(Chris Widener)

Word2　『Dare to Dream』(Karen Offord)

Word3　『Rivers of Courage and Doubt』(Nicholas Isika)

Word4　『The Coaching Calendar: daily inspiration from the 'Stress-less' Coach』(Jeff Hutchens)

Word5　『Steve Jobs: The Brilliant Mind Behind Apple』(Anthony Imbimbo)

Word6　『Beating the Clock: Managing Time God's Way』(Kathy Walters Burnsed)

Word7　『The Tao of Audience Development for the Arts』(Shoshana Danoff Fanizza)

Word8　『Permission!: Stop Competing and Start Creating the Life You Want to Live』(Nicole R. Matthews)

2章　強くたくましくなれる言葉

Word9　『The 7 Laws of Magical Thinking: How Irrationality Makes us Happy, Healthy,and Sane』(Matthew Hutson)

Word10　『Spiritual Identity Theft』(Carole Whitfield Shannon)

Word11　『Making the Best Out of Life』(Chibesa Emmanuel)

Word12　『Gandhi: Selected Writings』(Mohandas Gandhi、Alastair Duncan)

Word13　『Pour Your Heart Into It: How Starbucks Built a Company One Cup at a Time』(Howard Schultz)

Word14　『When Time Management Fails How Efficient Managers Creat More Value With Less work』(Hunkar Ozyasar)

Word15　『The Intuitive Way: The Definitive Guide to Increasing Your Awareness』(Penney Peirce)

Word16　テレビドラマ「Sex and the City」Season 4 Episode 2

3章　内面から輝きを放てるようになる言葉

Word17　『Shortcuts to Happiness: Simple Things Happy People Do』(Robert Sutherland)

Word18　『Wisdom for the Soul: Five Millennia of Prescriptions for Spiritual Healing』(Larry Chang)

Word19　『Seeds of Revolution: A Collection of Axioms, Passages and Proverbs, Volume 2』(Iam A. Freeman)

Word20　『Solo＝:Formerly titled For the love of singles』(Sarah Jepson Coleman)

大都会ニューヨークに生きる人々は、夢や希望で満ちあふれています。切磋琢磨《せっさたくま》しながら夢に近づく努力を重ねています。そして、夢を実現するためには、自ら歩み近づかねばならないことを知っています。夢から歩み寄ってくれることはないのですよね。「自分を動かす」、この意識が夢に続く道となります。

英語に、日本の四字熟語「有言実行」と同じような意味の言葉があります。

talk the talk and walk the walk

たとえば、「口だけじゃなく、実行する」を英語にしてみると、「I will walk the walk, not just talk the talk.」となります。

ここで興味深いのは、「実行する」という言葉に「歩む（walk）」という単語が使われていることです。これは、何かを成し遂げるには、自ら第一歩を踏み出す、「自分を動かす」ことがすべてであることを教えてくれます。言葉は本当に奥深いものですね。小さな気づきや疑問は、その言葉をさらに深く考えるきっかけを与えてくれます。「もっと知りたいから調べてみよう」、この意識があなたの知識を増やし、いざ行動する時に大きな手助けとなることでしょう。

心に響いた言葉はすぐに書き留め、大切にしましょう。ひとつの言葉は、その時々によって、全く違った印象を与えてくれます。以前は気づかなかった深い意味に気づくということもあるでしょう。人はこうやって成長していくのですよね！

最後に、いつも見守ってくれる私の父と母、そして本書を一緒につくり上げてくださった、㈱宝島社の平戸佳奈さん、㈱チア・アップの梅木里佳さん、本当にありがとうございました。

また、本書を最後までお読みくださったみなさま、いつも私や「Erica in Style」を応援してくださっているみなさまに、心からの感謝を込めて。

２０１５年初秋　　ニューヨークにて　　エリカ

エリカ　Erica Miyasaka

Erica in Style, Inc. Founder & CEO

世界一生きるのが厳しい街といわれるニューヨークで、夢の実現に向け、強く美しく、男よりも男前に生きる女性起業家。日系、外資系企業にてビジネスの土台を築き、ボストンに留学。2003年、単身ニューヨークへ。ファッションコンサルタントのパートナーとして、ファッションと経営の仕事に携わりながら、自分らしく、自分の人生を生きる大切さを学ぶ。2010年、ニューヨークで起業。「Erica in Style, Inc.」を設立。世界にただひとつの楽ちんなはき心地、新機能レッグウエアを開発、日米にて意匠権3つを取得。構想から素材探し・製造・流通まで、すべて自らおこない、グローバル展開を果たす。日本展開では、一人で髙島屋の門を叩き、商談成立へ。髙島屋のセレクトショップ「STYLE & EDIT」全国5店舗（日本橋・玉川・名古屋・大阪・京都*2015年5月現在）にて取り扱い中。今までの経験を活かし、ファッションのみならず、ビジネスコンサルタントとしても活躍中。著書にベストセラーとなった『ニューヨークの女性の「強く美しく」生きる方法』『ニューヨークの女性の「自分を信じて輝く」方法』（以上、大和書房）、『ニューヨーク流　本物の美の磨き方』（KADOKAWA）がある。

☆ブログ　ニューヨーク「美しい人」が大切にしている事
http://ameblo.jp/ericainstyle/

☆フェイスブック
https://www.facebook.com/erica.miyasaka

ニューヨークで学んだ「私を動かす」47の言葉

2015年10月21日　第1刷発行

著者　エリカ
発行人　蓮見清一
発行所　株式会社宝島社
〒102-8388
東京都千代田区一番町25番地
電話　営業03-3234-4621
編集03-3239-1770
http://tkj.jp
振替　00170-1-170829　㈱宝島社
印刷・製本　中央精版印刷株式会社

ISBN978-4-8002-4439-0